seine Vorstellung
der betrat, und
de, dieses helle Zimmer waren es zu-
setzte Bilder ihres Antlitzes und Wesens,
lich einander sich näherten, wie die Flügel
d endlich schob Bild
etwas durchschlug, einander

Charlotte von Schlaggenberg, „Quapp" genannt
vertraut, und verdankte eine kleine Chara
ung Charlotte wiedersah, oder auch

uf Jahren kennen gelernt. Man darf sich
fand sie 1918, nach dem Kriege, noch als ka
um sie. ~~Gleichwohl~~ steckte gerade in
damals bei seinen Eltern in der südlichen
die Wurzel für die Doppelgesichtigkeit, we
ihm hatte — beim ~~ersten~~ jedem Wiedersehen, jä
„sie" denken! — ohne dass er den Aus
ihm das auch erschien. Es gelang nicht
fallos zwischen der Erscheinung im Qua
Gouvernante, die danach, als die
Hause verblieb, und auch jetzt noch
tschafterin bei ~~der~~ verwitweten Ma
das verpackt war, sogar recht günstig — ab

Wolfgang Fleischer
Heimito von Doderer

Wolfgang Fleischer

Heimito von Doderer

Das Leben
Das Umfeld des Werks
in Fotos und Dokumenten

Mit einem Vorwort von Wendelin Schmidt-Dengler

K&S

ISBN 3-218-00603-1

Schutzumschlag, Layout und graphische Gestaltung: Kurt Rendl, Wien
Schutzumschlagfoto: A. Jahutka
Lektorat: Brigitte Stammler
Satz und Repro: Zehetner Ges. m. b. H., A-2105 Oberrohrbach
Druck und Bindung: Tlačiarne, Slowakei

VORWORT

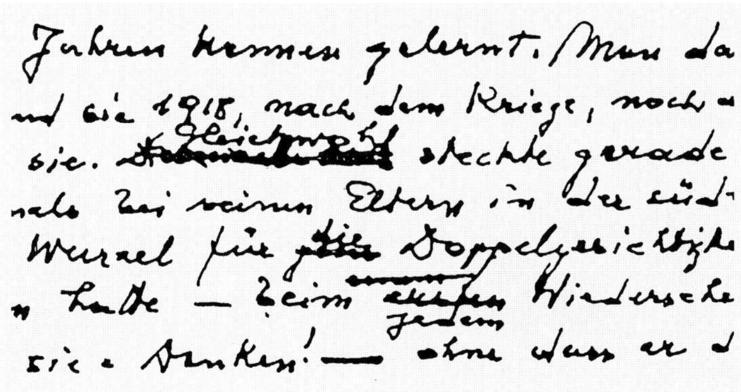

Jahren kennen gelernt. / Man da
und sie 1918, nach dem Kriege, noch
sie. Gleichwohl steckte gerade
mals bei seinen Eltern in der süd-
Wurzel für ~~die~~ Doppelgesichtigke
n hatte — beim ~~ersten~~ jedem Wiedersehe
sie danken! — ohne dass er d

Ein Schriftsteller dürfe keine Biographie haben, er sei ein Herr mittleren Alters, der einem dann und wann im Stiegenhause begegne, meinte Doderer oft und mokierte sich über jene, die mit dem Wissen um die Person des Autors auch schon über das Werk zu verfügen meinten. Er sagte das nicht nur, um sich bedeckt zu halten oder um etwas zu verbergen: Der Wunsch, sich selbst zum Verschwinden zu bringen, um das Werk leben zu lassen, war eine Maxime, der immer nachzukommen bis jetzt freilich niemandem, auch Doderer nicht, so recht gelang. Man setzt in seinem Leben durchgehend Umwelt, mußte er resignierend feststellen, und gerade diese Umwelt und die Umstände, die ihn dabei umstanden, sind auch der Fundus für ein literarisches Werk, dessen Qualitäten nicht zuletzt in der ungebrochenen Kraft bestehen, Bilder zu evozieren.

Der Reiz, Heimito von Doderers Leben durch einen Bildband zu dokumentieren, entspringt einem Widerspruch, der im Autor begründet ist: Auf der einen Seite ist es sein mehrfach bekundeter Wille, die eigene Person zu liquidieren, damit diese nicht den Blick auf die immer wieder durch die Sprache zu erobernde Wirklichkeit verstelle, auf der anderen Seite ist es eben seine oft und selbstironisch kommentierte Lust, sich, wie er es nannte, „aufzuberstelnʺ und so vor dem Betrachter nicht so sehr Position als Positur zu beziehen. Aber es geht hier nicht nur um die Reihe von Bildern des Künstlers als junger oder alter Mann, um eine Reihe, die ein an Ereignissen wahrlich nicht armes Leben begleitet, sondern auch um das Werk selbst: Da gilt es nun, jene Personen im Bilde festzuhalten, die Doderer – oft recht subjektiv – in seinem Werk zu porträtieren suchte. Vieles von dem, was hier zu finden ist, war bislang unbekannt und ist eine willkommene Unterstützung der Lektüre: Das beginnt mit der Geschichte der renommierten Vorfahren, mit der Präexistenz Doderers gleichsam, dann mit der Familie, der Doderer zu entkommen suchte und die ihn doch prägte; in der Gymnasialzeit in einem Wien, das nicht mehr ganz das der *Belle époque* war.

Besonders wichtig ist die Bebilderung des für Doderer so wichtigen Erlebnisses der Gefangenschaft; das Wien der zwanziger Jahre, die Periode, deren literarische Gestaltung auch den Ruhm des Autors in den fünfziger Jahren begründete. In diesen Bildern werden auch die Krisen Doderers faßbar, seine innere Zerrissenheit und

Unsicherheit, die ihn, den Politik so gut wie gar nicht interessierte, mit dem Beitritt zur NSDAP eine Entscheidung treffen ließ, für die er später seine Befangenheit in einer „Zweiten Wirklichkeit" verantwortlich machen wollte. Gerade für die Zeit bis nach dem Zweiten Weltkrieg sind die vorgelegten Dokumente aufschlußreich. Und auch die Zeit des Ruhms, in der die Zahl der überlieferten Bilder ins Unmeßbare anschwillt und in der der Autor zur öffentlichen Figur, ja sogar für geraume Zeit fast zu einem Alleinrepräsentanten der österreichischen Literatur wurde, bedarf der Bebilderung; denn neben den Photos, die Doderer in angespannter Bemühung als Vortragenden oder als gelösten Causeur in Gesellschaft zeigen, gibt es solche, auf denen wir einen alten, in sich versunkenen Mann in seiner Einsamkeit und Trauer gewahr werden, dem der Ruhm weder im Guten noch im Schlechten etwas anzuhaben vermochte, der die Nähe des Todes spürte und wußte, daß für ihn der „schöpferische Solipsismus" auch Distanz zum Leben verlangte, um als Romancier mit seinem neuen Buch – in diesem Falle „Der Grenzwald" – wieder völlig neues Terrain zu betreten. Er konnte mit dem Erreichten nur kurze Zeit zufrieden sein, und so schien ihm sein ganzes Leben, wie er im Tagebuch 1963 schrieb, in „skandalöse Brocken" zerfallen.

Es finden sich auch viele Bilder von Autoren und Autorinnen, die Doderer kannte, doch wird nicht das sogenannte „literarische Leben" einer Epoche im engeren Sinne rekonstruiert. Das ist auch ein wesentliches Moment seiner Biographie und ist in einem tieferen Sinne durchaus zutreffend, denn Doderer war der Einbindung in literarische Zirkel abhold, er verstand sich nicht als Exponent einer Tendenz oder Vertreter einer Richtung. So weist dieser Bildband über den Horizont, den eine bloße Schriftstellerbiographie vermittelt, weit hinaus. Darin zeigt sich vielleicht doch auch die Gültigkeit der Forderung Doderers, die Biographie des Schriftstellers für unerheblich zu erklären. „Erst bricht man Fenster, dann wird man selbst eines", schrieb er 1960 ins Tagebuch. Und so wird dieser Bildband denn auch zu einem Fenster, das uns einen Blick auf eine Epoche freigibt, die in unseren Tagen mehr und mehr von anderen Bildern überlagert zu werden droht, auf eine Epoche aber, deren Besonderheit aufzubewahren die vornehmste Aufgabe des Schriftstellers war und heute die des Biographen sein muß.

Wendelin Schmidt-Dengler

HERKUNFT

Abstamm

IV Urgroßmutter Nr. 9
Struß, Bernhardine Luise Dorothea
zu Heilbronn
am 30. I. 1790 Rel. ev. A.B.
am 14. X. 1810

IV Urgroßvater Nr. 10
von Greisinger
Gustav Adolph
zu Brünn i. M.
am 1793 Rel.: ev. A.B.
Beruf: K.K. Oberst im Genie-Corps
∞ zu Wien

IV Urgroßmutter
Vogel
Wilhelm[illegible]
zu Pest (Bu[illegible]
am 1811 Rel.
am 9. II. [illegible]

[illegible]licherseits) Nr. 4
Doderer
Christian Rel. ev. A.B.
am 2. I. 1825
am 9. I. 1825
[illegible]
[illegible]kapelle am

III Großmutter (väterlicherseits)
Geburtsname: von Greisinger
Vornamen: Maria [illegible] Wilhelmine Rel.
zu Wien am 4. IV
Kirche: [illegible] am 5. IV
24. November 1853

Vater Nr. 2
Ritter von Doderer
Wilhelm Carl Gustav
[illegible] Znaim am 16. VIII. 1854
[illegible] (Militärgeistl.) am 19. VIII. 1854 Religion: röm. kath.
[illegible]: Bau-Unternehmer, Oberbaurat

zu
= Ki[illegible]
am 2

1 Carl Wilhelm (ab 1877 Ritter von) Doderer, der Großvater Heimitos.
Die Doderers stammten aus Württemberg und waren dort durch viele Generationen Bauern gewesen. Auf dem Weg über nebenberufliche Zimmermannstätigkeit stieg Heimito von Doderers Urgroßvater schließlich – in Heilbronn – als Zimmermann und Mühlenbaumeister in den bürgerlichen Stand auf. Sein Sohn Carl Wilhelm (1825 bis 1900) wurde bereits Architekt, mit einer letzten zusätzlichen Ausbildung in Wien, wo er dann seine große Karriere machte: Nach vieljähriger Bautätigkeit für das k. u. k. Militär wurde er Professor an der späteren Technischen Hochschule und 1876 auch deren Rektor; der Kaiser erhob ihn in den erblichen Adelsstand. Unter seinen vielen Bauten sind die berühmtesten das (nicht mehr existierende) Corps-Kommando in Wien sowie die Sommerresidenz des rumänischen Königs Carol in Sinaia.
1853 heiratete er Maria von Greisinger, Tochter eines Generalmajors – die einzige österreichische Linie unter Heimito von Doderers Vorfahren. Ihr Enkel war stolz darauf, daß die Großmutter – die bis zu ihrem Tod in seinem 18. Lebensjahr mit der Familie Doderer im selben Haus lebte – die Tochter einer Halbschwester Lenaus war, den er daher – nicht ganz korrekt – immer als seinen Urgroßonkel zu bezeichnen pflegte.

2 Heinrich (ab 1875: von) Hügel, der Großvater mütterlicherseits, mit zwei seiner Töchter.

Auch die Hügels waren – ab 1500 in Straßburg nachweisbar – Bauern gewesen; und auch hier war es der Urgroßvater Heimitos, der den Aufstieg in den bürgerlichen Stand schaffte und es in Mainz zum ‚Großhzgl. Hess. Güterexpedienten', nämlich der Main-Weser-Bahn in Gießen, brachte. Sein Sohn Heinrich (1828–1899) blieb der Eisenbahn verbunden und wurde einer der größten Eisenbahnbau-Unternehmer seiner Zeit; von München expandierte er in die Monarchie, wo er in Ungarn, Böhmen und schließlich in Bosnien-Herzegowina Bahnstrecken baute. Sein Wiener Palais am Kolowratring wurde ein gesellschaftlicher Treffpunkt, wo unter anderem Brahms und der Bildhauer Caspar von Zumbusch, aber vor allem die bekannten Architekten der Gründerzeit verkehrten, darunter Heinrich von Ferstel und Carl Wilhelm von Doderer. Lollo (Charlotte) von Hügel (auf dem Bild neben dem Vater sitzend) sollte später Ferstels Sohn Max heiraten.

3 Heinrich von Ferstel.
Der berühmte Architekt der Ringstraßenzeit – Erbauer von Votivkirche und Universität – war ein Freund von Doderers Großvater Carl Wilhelm; beide waren im selben Jahr als Professoren ans Wiener Polytechnikum – wie die Technische Hochschule anfangs hieß – berufen worden. Als Heinrich von Ferstel 1869 für Erzherzog Karl Ludwig die Planung des Jagdschlosses Wartholz übernahm – das später zum Landsitz von dessen Enkel, Kaiser Karl, wurde –, unternahmen die beiden Architekten gemeinsame Bergwanderungen in der Umgebung des damals modisch gewordenen Reichenau und lernten so Rax, Schneeberg und Semmering kennen. Das wirkte sich dreißig Jahre später aus, als die Familie Doderer eine Gegend für ein Sommerhaus suchte: man wählte Prein an der Rax, nicht weit von Wartholz.

4 Wilhelm Carl Ritter von Doderer, der Vater (in der Mitte sitzend).

Auch der 1854 geborene Wilhelm Carl studierte – bei seinem Vater – Architektur, obwohl er mehr zum Typ des modernen Ingenieurs und Bauunternehmers wurde. Bereits vor Abschluß seiner Studien lernte er durch seinen Vater Heinrich von Hügel kennen, dem er zuerst beim Bau von dessen Villa in Darmstadt, dann auf verschiedenen Eisenbahnbaustrecken assistierte. So trat eine immer engere Bindung an die Firma Hügel & Sager ein, deren Vertretung in der Monarchie Doderer schließlich übernahm, als sie wegen ihres größten Auftrags überhaupt nach Norddeutschland ging: Hügel & Sager errichteten in Schleswig-Holstein einen der längsten Bauabschnitte des Nord-Ostsee-Kanals.

5 Louise (genannt Willy) von Hügel, die Mutter.
Louise war als dritte Tochter Heinrich von Hügels 1862 in München geboren worden. Den jungen Doderer lernte sie kennen, als er nicht nur geschäftlich, sondern auch privat bei den gesellschaftlichen Ereignissen im Palais Hügel am Kolowratring (heute Schubertring) immer mehr in Erscheinung trat. Seiner Tüchtigkeit in der Firma wegen war er ein bevorzugter Heiratskandidat; so kam es 1880 zur Verlobung und im Jahr darauf zur Eheschließung.

6 Verlobungsanzeige.

Wilhelm von Doderer
Architect.
Willy von Hügel.
Verlobte.

Wien. Darmstadt.
August 1880.

7 Ilse und Almuth von Doderer, die beiden ältesten Schwestern.
Ilse wurde 1882 geboren, also vierzehn Jahre vor Heimito, und heiratete bereits, als ihr jüngster Bruder erst sieben Jahre alt war; sie spielt in der verschleierten Familiendarstellung in *Strudlhofstiege* und *Dämonen* kaum eine Rolle, ebensowenig die um zwei Jahre jüngere Almuth (geb. 1884), die das elterliche Haus verließ, um Dipl.-Ing. Richard Martinek zu heiraten, als Heimito dreizehn Jahre alt war.

8 Immo und Helga von Doderer, die mittleren Geschwister.
Wilhelm Heinrich von Doderer, der stets nur Immo genannt wurde, war Heimitos einziger Bruder, 1886 geboren, also zehn Jahre älter als der Schriftsteller. Auch er wurde zu keiner Romanfigur; der Unterschied im Alter, aber auch in Lebenslauf und Charakter war zu groß für eine wirklich intime Bindung unter den Brüdern. Die ein Jahr später geborene Schwester Helga jedoch, die sich zu einem dramatischen Charakter entwickeln sollte, blieb ihren jüngeren Geschwistern enger verbunden. Ihr Schicksal wurde zur Grundlage für die Geschichte der ‚Etelka' in der *Strudlhofstiege.*

9 Max Freiherr von Ferstel.
Der Sohn des Votivkirchenerbauers, ebenfalls Architekt und dann Professor an der Technischen Hochschule in Wien, heiratete 1885 Lollo von Hügel, die um ein Jahr jüngere Schwester von Heimitos Mutter Willy. Damit waren die beiden Familien Doderer und Ferstel verschwägert.

10 Das Familienhaus Wien III, Stammgasse 12.
Als Wilhelm von Doderer sich während der letzten drei Baujahre an der Errichtung des Nord-Ostsee-Kanals beteiligte und samt Frau und Kindern nach Schleswig-Holstein zog, errichtete Max von Ferstel in der Stammgasse im dritten Wiener Gemeindebezirk – nicht weit vom Zentrum, aber auch nahe von Donaukanal und Prater – das große gemeinsame Familienhaus, darin er und Lollo allerdings nur den obersten Stock in Anspruch nahmen. Nach ihrer Rückkehr aus Deutschland (1895) belegten die Doderers den ersten Stock mit ihren Gesellschaftsräumen, von denen eine Innentreppe in den zweiten Stock zu den Zimmern der Familienmitglieder führte. Als der Großvater Carl Wilhelm Doderer im Jahre 1900 starb, wurde das leicht erhöhte Erdgeschoß zur Wohnung von dessen Witwe Maria (geb. von Greisinger), die seit der Geburt ihres zweiten Sohnes Richard völlig blind war; sie starb 1914. In der Zeit nach dem Ersten Weltkrieg, aus der dieses Foto stammt, wurde die Wohnung an einen Zahnarzt vermietet; damals stand rechts daneben noch das erheblich ältere Palais Knobloch.

1. TEIL: 1896–1920

11, 12, 13 Bau der sechs Staubecken des Wienflusses.

Durch seine hervorragenden Fähigkeiten nicht nur als Ingenieur, sondern auch als Geschäftsführer war Wilhelm von Doderer der natürliche Nachfolger von Hügel und Sager, als diese sich aus Altersgründen mehr und mehr aus der gemeinsamen Firma zurückzogen. Der größte Auftrag, den Doderer nach seiner Rückkehr aus Deutschland, nunmehr schon weitgehend allein, durchzuführen hatte, waren die sechs riesigen Staubecken des Wienflusses, wie sie heute noch erhalten sind. 37 Hektar wurden verbaut, um bis zu 16 Millionen Hektoliter aufstauen zu können und damit die Stadt vor Überschwemmungen zu bewahren, die sich früher oft katastrophal ausgewirkt hatten. Gleichzeitig baute Doderers Firma an zwei Baulosen der Wiental-Stadtbahn mit.

14 Laudonsches Forsthaus in Hadersdorf-Weidlingau.
Um seine Familie während der Sommermonate in der Nähe seiner Baustelle haben zu können, mietete Wilhelm von Doderer mehrere Jahre hintereinander das ehemalige Forsthaus im Laudonschen Park in Hadersdorf-Weidlingau. Es ist heute nicht mehr erhalten.
Dort wurde am 5. September 1896 das jüngste und letzte Kind der Familie geboren, Franz Carl Heimito. Getauft wurde er allerdings bereits in der Stammgasse, wohin die Doderers nach wenigen Tagen zurückgekehrt waren.

15 Taufschein.

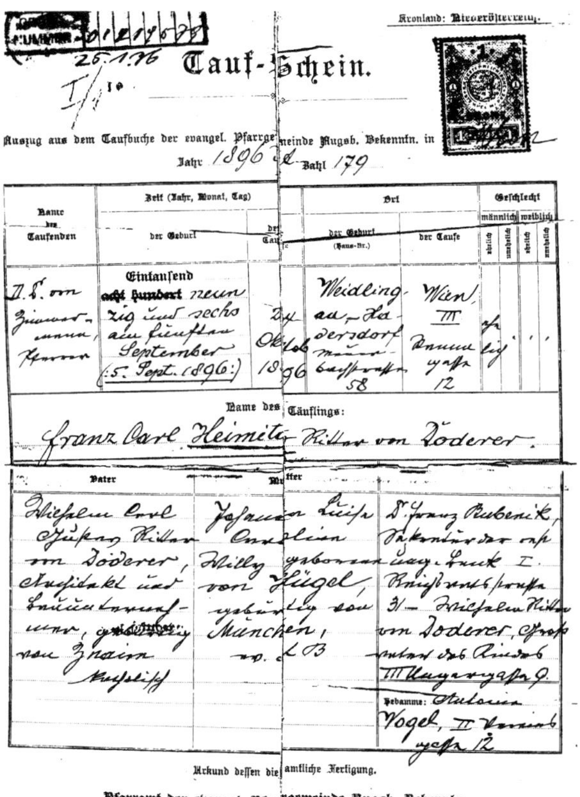

Kronland: Niederösterreich.

Tauf-Schein.

Auszug aus dem Taufbuche der evangel. Pfarrgemeinde Augsb. Bekenntn. in

Jahr 1896 Zahl 179

Name des Taufenden	Zeit (Jahr, Monat, Tag) der Geburt	der Taufe	Ort der Geburt (Haus-Nr.)	der Taufe	Geschlecht männlich	weiblich
	Eintausend acht hundert neunzig und sechs am fünften September (5. Sept. 1896)	24 Okt. 1896	Weidling-au, Hadersdorf … 58	Wien III … 12		

Name des Täuflings:

Franz Carl Heimito Ritter von Doderer.

Vater	Mutter	
Wilhelm Carl … Ritter von Doderer, …	Johanna Luise Auguste Willy geborene von Hügel, … München, …	Dr. Franz Rubenik, … Wilhelm Ritter von Doderer, … III Ungargasse 9.

Hebamme: … Vogel, …

Urkund dessen die amtliche Fertigung.

Pfarramt der evangel. Pfarrgemeinde Augsb. Bekenntn.

16 Astri und Heimito.

Heimitos jüngste Schwester Astri war drei Jahre älter als er; zu ihrer Geburt war Willy von Doderer im Frühling 1893 aus Schleswig Holstein nach Wien zurückgekehrt, und zwar gemeinsam mit der Freundin Lucie Storm, der Schwester des Schriftstellers Theodor Storm, in deren Haus die Doderers ihr deutsches Quartier aufgeschlagen hatten.

Für Astri, deren Altersabstand zu den älteren Geschwistern schon zu groß war, wurde das jüngere Brüderchen später zum häufigen Spielgefährten. ‚Heimchen' oder ‚Heimerle', auch ‚Heimi' – aber noch jahrzehntelang weder in der Familie noch im Freundeskreis Heimito – wurde damals während seiner ersten Jahre, durchaus der Sitte entsprechend, in feinen Mädchenkleidern präsentiert.

17 Die Mutter.
Die Mutter als physischer und emotioneller Mittelpunkt einer behüteten Kindheit stellt sich in jeder Zeit und auch in jeder Gesellschaftsschicht erheblich anders dar. Frau Willy von Doderer, die ihren Jüngsten sicherlich liebte und zärtlich ihr ‚Titbit' – ihr bestes Stück – nannte, stand einem großen Haushalt mit vielen repräsentativen Pflichten vor, was von der Anleitung des zahlreichen Personals bis zum Arrangement jener Hausbälle und Feste reichte, die wesentlich waren, um die vier Töchter in der richtigen Gesellschaft zu verheiraten. Für die eigentliche Erziehung der insgesamt sechs Kinder blieb ihr keine Zeit: dafür standen Ammen, Kindermädchen, Gouvernanten, Hauslehrer und Künstler (Musiker sowie Maler) zur Verfügung, die sorgfältig ausgewählt und überwacht wurden. So verbrachte auch ‚Heimchen' mehr Zeit mit den Dienstboten als mit den Eltern, was das Gefühl der Geborgenheit manchmal eher in die Küche als in den Salon verlegte.

18 Der Vater.
Wilhelm von Doderer erreichte gerade während der Kindheit seines jüngsten Sohns den Gipfelpunkt an Erfolg und Macht, an Ansehen und Vermögen. Er konnte wegen seiner Baustellen nur selten in Wien sein, wobei auch da sein Leben von geschäftlichen und gesellschaftlichen Verpflichtungen voll ausgelastet war, wozu noch seine Termine als Hauptaktionär und Aufsichtsrat bei der Creditanstalt und den Wienerberger Ziegelwerken kamen. Nach den Bauten im Wiental war seine Firma in der ersten Dekade des neuen Jahrhunderts mit zwei noch größeren Bauvorhaben beschäftigt: der Karawankenbahn im Bauabschnitt von Klagenfurt bis Rosenbach und der Südstrecke der Tauernbahn von Obervellach bis Spittal.

19 Das Batzenhäusl.

20 Der Riegelhof.
Den Platz für den Sommersitz der Familie machte noch der Großvater Carl Wilhelm ausfindig, nämlich ein einsam oberhalb von Prein an der Rax gelegenes kleines Bauernhaus, das auch weiterhin – unter dem Namen ‚Batzenhäusl' – erhalten blieb. Doch für die zahlreiche Familie und ihre Gäste war es zu klein. Wilhelm von Doderer selber hatte keine Zeit, sich einem Hausbau zu widmen, also bat er – wie schon beim Haus in der Stammgasse – seinen Schwager Max von Ferstel, unterhalb des Bauernhäuschens einen erheblich größeren Neubau zu errichten: den ‚Riegelhof', wie er in der *Strudlhofstiege* sowie in den *Dämonen* beschrieben ist und noch heute besteht.

21 Familienfoto beim Riegelhof.
Der Neubau wurde 1903 fertig, das Foto dürfte kurz danach entstanden sein. Es zeigt von links nach rechts: Almuth, Grete Baumann (die Gesellschafterin der Großmutter), dahinter Willy von Doderer, vor ihr Mitzi Veit (eine Tante Heimitos), die Großmutter Maria von Doderer, hinter ihr Wilhelm von Doderer, vorne Jetti Martinek (Almuth heiratete später in die Familie Martinek), Helga/Etelka, vorne an sie gelehnt Heimito, neben ihm Astri/Asta und ihr Kinderfräulein. Die sitzenden jungen Herren im Vordergrund gelten als mittlerweile unbekannte Verehrer der Töchter.

22 Immo und Heimito.
Etwa aus derselben Zeit stammt die Aufnahme der beiden Brüder, wohl ebenfalls auf dem Riegelhof. Bei dem Altersunterschied von zehn Jahren war es mit der Kameradschaft zwischen ihnen nicht weit her: die einzige Erinnerung Heimito von Doderers an seinen Bruder in jener Zeit erwähnt nichts, als daß er gelegentlichen ‚Hunzungen' durch den Älteren ausgesetzt war.

23 Heimito in der Schule des Lehrerseminars in der Kundmanngasse, Wien III (erste Reihe ganz rechts).

Das im Nebengebäude befindliche Gymnasium unterhielt damals ein als fortschrittlich geltendes Lehrerseminar, wo – wie in einer heutigen Volksschule – Schüler für den Aufstieg in die Mittel- und Oberstufe vorbereitet wurden. Die Kundmanngasse ist nur wenige Minuten von der Stammgasse entfernt, Heimito hatte also nicht weit zu gehen. Das riesige Doppelgebäude schüchterte ihn vorerst mehr ein als der Unterricht. Schwierigkeiten hatte er keine; seine Aufgaben wurden überdies zu Hause von einem Lehrer überprüft.

24 Der Prater beim Konstantinhügel.

25 Heimito.
Zur Naturbeobachtung wurde Heimito hauptsächlich vom Vater angehalten, der ihm auch Bücher und entsprechende Hilfsmittel schenkte, so daß der Knabe selbst chemische und physikalische Versuche durchführen konnte. Tatsächlich interessierte ihn das alles sehr; in den ersten Gymnasialjahren war er in den naturwissenschaftlichen Fächern besser als in den anderen. Was am Riegelhof die Wälder der Umgebung für seine Beobachtungen waren, das wurde in Wien der nahe Prater, wo ihn vor allem die Wasserflächen und Tümpel interessierten, wie es auch im *Mord, den jeder begeht* bei Kokosch dargestellt ist. Es war eine Zeit, in der ihm noch keine eigene Problematik zu Bewußtsein kam; er war mit seiner Umwelt – ihren Maßstäben sowie Ansprüchen – unreflektiert eins und dabei, wie man sieht, eher fröhlich und keck.

26 Die ‚drei Wilhelms' in Karlsbad: die Professoren Exner und Ostwald mit Wilhelm von Doderer.

Der ununterbrochene gesellschaftliche Aufstieg des Vaters, wozu ein ständig wachsendes Vermögen kam, schuf für Heimito einen Hintergrund von selbstverständlichem Ansehen und Reichtum. Das war, trotz der Nachhilfelehrer, einer der Gründe dafür, daß er das Gymnasium nicht sonderlich ernst nahm, wozu dann noch Pubertätsprobleme kamen. Nach den ersten beiden Gymnasialklassen war Heimito nie mehr ein guter Schüler, mit ständigen Problemen in Griechisch, Latein und Mathematik, aber auch Deutsch; zweimal mußte er eine Nachprüfung bestehen, um in die nächste Klasse aufzusteigen. Die häusliche Umwelt mit Gästen von hoher Kultur, wie eben die beiden Professoren, verlieh ihm äußeren Schliff in einer Welt, zu der er – als Jüngster – noch längst nicht gehörte.

27 Almuth als ‚Froschprinzessin'.

Zu den Festen der Doderers gehörten auch immer wieder häusliche Theateraufführungen humorvoller kleiner Stücke, welche die Mutter Willy verfaßt hatte. Da ging es in Anspielungen um Ereignisse, die allen Anwesenden bekannt waren; man machte sich über diesen oder jene lustig, ohne verletzend zu sein. Frau von Doderers Witz blieb immer mit Takt gepaart, aus ihren anregenden Plaudereien schloß sie alles Unangenehme aus. Sie stellte all ihre Talente in den Dienst der Unterhaltung und des Wohlbefindens, förderte die künstlerischen Begabungen ihrer Kinder aber mit übertriebenem Anspruch und Stolz. Vielleicht traf Heimito von Doderer in späteren Jahren gerade deshalb eine so unerbittliche Unterscheidung zwischen sogenannten ‚ausübenden Talenten' und ‚reinen Künstlern'.

28 Immo.
Auch Immo war vielseitig begabt, unter anderem spielte er hervorragend Violine – wenn er in der richtigen Stimmung dazu war. Zur selben Zeit, als sein kleiner Bruder im Prater begeistert Molche fing, stand für ihn fest, daß er Biologe werden wollte. Doch der Vater erwartete von beiden Söhnen, daß sie ihm in seiner Firma – die unter ihm fast zu einem Finanzimperium geworden war – nachfolgen sollten. So wurde Immo zum Beruf eines Ingenieurs gedrängt: Als solcher war er ebenso phantasievoll und erfindungsreich wie unbeständig, dazu reichlich unrealistisch in der Ausführung sowie in finanziellen Belangen. Als Nachfolger für die Firma zog der Vater schließlich einen Schwiegersohn vor, und zwar den mit Ilse verheirateten Dipl.-Ing. August Mayer, was den älteren Sohn schwer traf, für Heimito aber, als er nach dem Ersten Weltkrieg aus der Gefangenschaft zurückkam, bei der Berufswahl eine eindeutige Erleichterung darstellte.

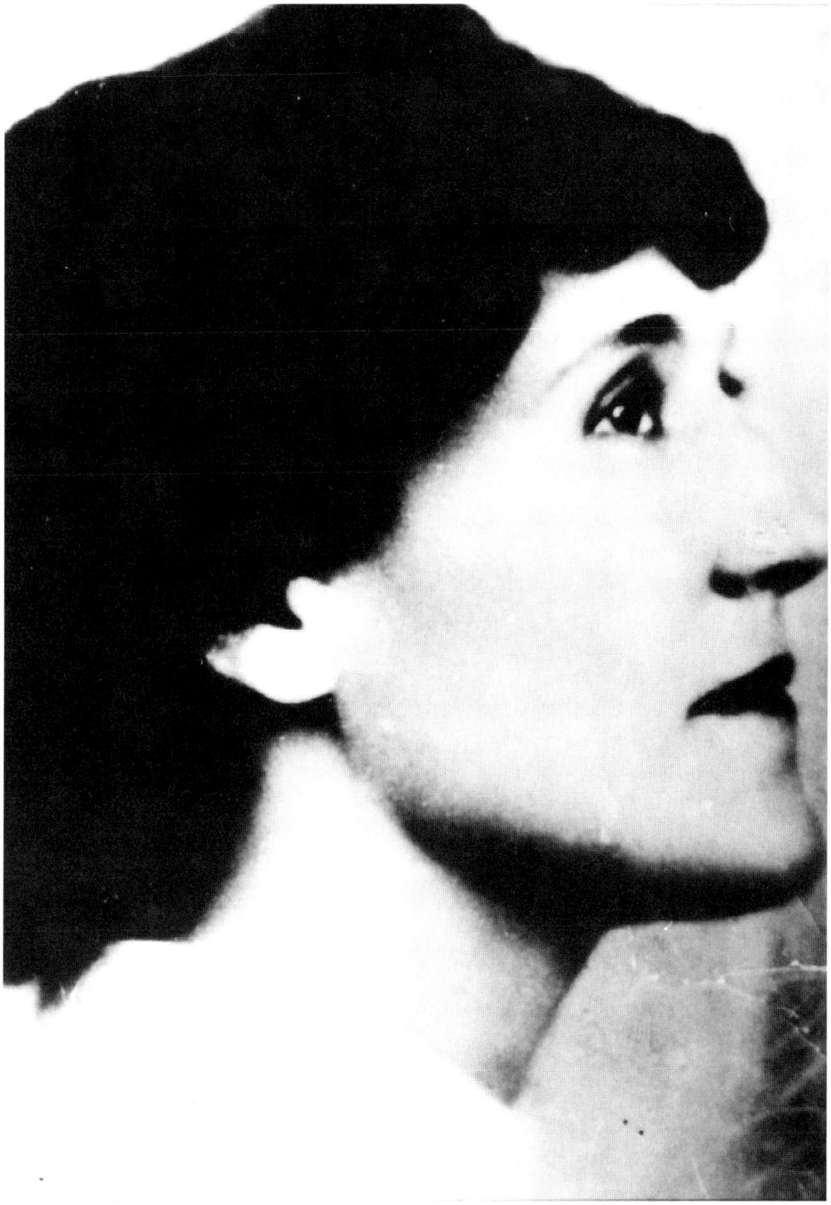

29 Astri/Asta.

Heimitos Gymnasialzeit war, auf die Geschwister bezogen, in der großen Familie eher einsam; er trieb sich viel alleine in der Stadt umher, und durchaus nicht immer auf den Pfaden bürgerlicher Anständigkeit. Astri, die Spielgefährtin seiner Kindheit, war indes damit beschäftigt, eine junge Frau zu werden. Neben der Pflege der sehr betonten Talente – Musik und Malerei – traten die Tanzstunden, die Bälle und Flirts in den Mittelpunkt ihres Interesses. Noch vor Heimitos Matura heiratete sie Hans von Stummer.

30 Helga/Etelka.
Das übermäßige Temperament, das sie von ihrem Vater geerbt hatte, wurde ihr zum Verhängnis, wie es in der *Strudlhofstiege* beschrieben ist. Sie war musikalisch sehr begabt, spielte Klavier (wie die Mutter und alle Töchter) und ließ ihren kräftigen Mezzosopran von einer Opernsängerin ausbilden, aber einer eigenständigen künstlerischen Karriere hätte der Vater nie zugestimmt; Bildung und Kultur der Töchter waren nicht mehr als bürgerlicher Schmuck und eine Draufgabe zur Ausstattung. Als weibliche Selbstverwirklichung kam nur eine Intensivierung ihres Gefühlslebens bei Beachtung des vorgeschriebenen Rahmens in Frage – bis das Gleichgewicht immer schwerer zu halten war.

31 Ernö Hauer.

Helgas Erwartung, daß ein Mann ihre – stets im Mittelpunkt stehende – Emotionalität teilen müsse, führte fast ausschließlich zu Fehlschlägen; auch konnte keiner, ebenso wie bei den anderen Schwestern, dem Beispiel entsprechen, das sie alle seit ihrer Kindheit vor sich hatten: den ebenso erfolgreichen wie charmanten Vater, der als unumschränkt Herrschender verehrt wurde, seine Entscheidungsgewalt selber nie in Frage stellte, aber durch großzügige Warmherzigkeit immer wieder alle bestach. Nach einigen gescheiterten Versuchen verlobte sich Helga – vorerst im geheimen – mit dem Konsularakademiker Ernö Hauer aus der ungarischen Reichshälfte, dem Pista Grauermann aus der *Strudlhofstiege.*

32 Der Tennisplatz auf dem Riegelhof.
In jedem Sommer war der Riegelhof fast ständig voll von Gästen; einige davon, aber manchmal auch Heimito und sein ‚Hofmeister' (Nachhilfelehrer) Albrecht Reif, der als Albert Lehnder im *Mord, den jeder begeht* sowie im *Geheimnis des Reichs* dargestellt ist, mußten unten in der Prein in Gasthäusern wohnen. Solange es unverheiratete Töchter und ihre Freundinnen im Haus gab, waren die Gäste zum Großteil junge Herren, die sich, wie es in der *Strudlhofstiege* beschrieben ist, vor allem auf dem Tennisplatz oben beim Batzenhäusl vor den prüfenden Blicken ihrer Zuschauerinnen maßen. Heimito selbst lernte nie Tennis, mag als der ‚Gymnasiast' zwar beliebt gewesen sein und manche geheime Botschaften zugetragen haben, aber auch hier gehörte er keinem der Kreise wirklich an, so gewandt er sich darin bewegen mochte. Die kecke Frischheit seiner Kindheit war ihm vergangen; während sich seine Geschwister mit eher übersteigertem Selbstbewußtsein allerorts in Szene setzten, neigte er zu schwerfälliger Düsternis ohne Witz, in dumpfer Verschlossenheit.

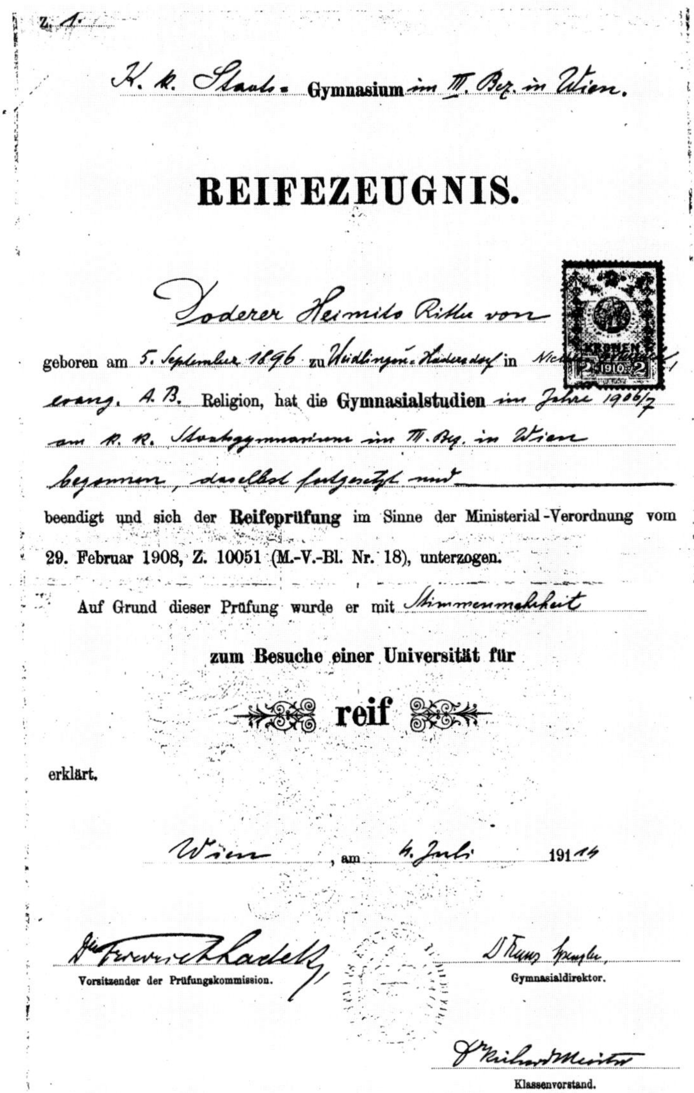

Z. 1.

K. k. Staats- Gymnasium im III. Bez. in Wien.

REIFEZEUGNIS.

Doderer Heimito Ritter von

geboren am 5. September 1896 zu Weidlingau-Hadersdorf in Niederösterreich, evang. A. B. Religion, hat die **Gymnasialstudien** im Jahre 1906/7 am k. k. Staatsgymnasium im III. Bez. in Wien begonnen, daselbst fortgesetzt und beendigt und sich der **Reifeprüfung** im Sinne der Ministerial-Verordnung vom 29. Februar 1908, Z. 10051 (M.-V.-Bl. Nr. 18), unterzogen.

Auf Grund dieser Prüfung wurde er mit Stimmenmehrheit

zum Besuche einer Universität für

reif

erklärt.

Wien, am 4. Juli 1914

Vorsitzender der Prüfungskommission.

Gymnasialdirektor.

Dr Richard Meister

Klassenvorstand.

33 Maturazeugnis.
Eine Woche nach dem Attentat von Sarajevo war Heimitos Reifeprüfung ein Ereignis, dem kaum Aufmerksamkeit gewidmet wurde. Zudem war die Mutter auf dem Riegelhof, die Geschwister weitgehend nicht mehr zu Hause, der Vater seit drei Jahren fast ständig in Tirol, wo er gemeinsam mit Ing. Riehl die Mittenwaldbahn baute. Der um fünf Jahre ältere Albrecht Reif, seit Heimitos fünfzehntem Lebensjahr sein Hauslehrer und auch Freund, hatte Heimito vorbereitet; dennoch fiel dieser in Griechisch bei seinem Klassenvorstand Dr. Richard Meister (dem späteren Präsidenten der Akademie der Wissenschaften) durch, und nur ein – damals nicht unüblicher – Mehrheitsbeschluß der Maturakommission bewahrte ihn vor einer Nachtragsprüfung. Immerhin scheint zu dieser Zeit ein gewisses Interesse an Literatur erwacht zu sein: er schnitt in Deutsch schriftlich mit „gut“, mündlich sogar mit „sehr gut“ ab.

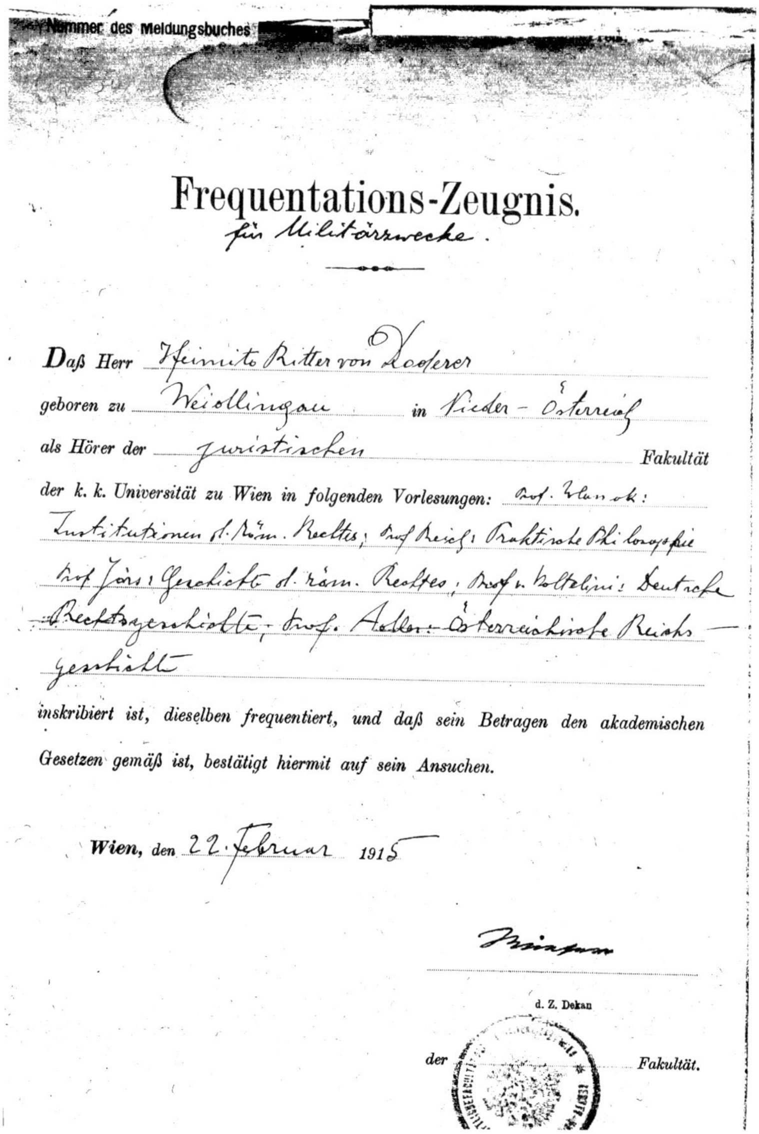
Nummer des Meldungsbuches

Frequentations-Zeugnis.

für Militärzwecke.

Daß Herr Heimito Ritter von Doderer

geboren zu Weidlingau in Nieder-Österreich

als Hörer der juristischen Fakultät

der k. k. Universität zu Wien in folgenden Vorlesungen: Prof. Wlassak: Institutionen d. röm. Rechtes; Prof. Reich: Praktische Philosophie; Prof. Jörs: Geschichte d. röm. Rechtes; Prof. v. Voltelini: Deutsche Rechtsgeschichte; Prof. Adler: Österreichische Reichsgeschichte

inskribiert ist, dieselben frequentiert, und daß sein Betragen den akademischen Gesetzen gemäß ist, bestätigt hiermit auf sein Ansuchen.

Wien, den 22. Februar 1915

d. Z. Dekan

der Fakultät.

34 Frequentations-Zeugnis.

Eines der Übel, an denen Heimito in jenen Jahren litt, war die völlige Richtungslosigkeit seines Daseins. Er erkannte keine noch so vage Linie einer Neigung in sich, geschweige denn ein wirklich zielgerichtetes Interesse. So ist jenes eine Semester Jurisprudenz, das er im Herbst nach seiner Matura inskribierte, als Ausdruck der Ratlosigkeit sowie als Aufschub einer Entscheidung zu betrachten. Der beginnende Krieg hatte darauf sicherlich keinen Einfluß, da man anfangs mit einem sehr raschen Sieg rechnete. Das änderte sich allerdings schnell: Die Verluste im ersten Herbst waren so hoch, daß die Rekrutierungen immer mehr Jahrgänge umfaßten. Deshalb ist das Frequentations-Zeugnis bereits ‚für Militärzwecke' ausgestellt.

35, 36 Heimito von Doderer in der Uniform der Dreier-Dragoner.
Heimito von Doderer rückte bei einem der nobelsten Kavallerieregimenter, nämlich bei den Dreier-Dragonern (auch ‚Sachsendragoner' genannt), in Wien-Breitensee als ‚Einjährig-Freiwilliger' ein. Dabei dauerte die Ausbildung, deren Kosten inklusive Bereitstellung eines geeigneten Reitpferdes zur Gänze der Vater zu bestreiten hatte, nur ein Jahr statt drei; danach war man Reserveoffizier. Nach Heimitos Grundausbildung in Breitensee, wobei er auch außerhalb der Kaserne übernachten durfte, folgte im Sommer eine schwierige kavalleristische Ausbildung in Holics (Slowakei), woran sich im September noch eine infanteristische in Bruck an der Leitha anschloß.

37 Hans von Woynarowicz.
Während dieser Ausbildung schloß Heimito von Doderer zwei Freundschaften: eine mit Ernst Pentlarz – den Lesern der *Strudlhofstiege* als der ‚kleine E. P.' bekannt; dieser trat nach dem Krieg höchst unfreiwillig seine Freundin Gusti Hasterlik an Doderer ab, womit die Freundschaft ihr Ende fand. Pentlarz wurde im Zweiten Weltkrieg von den Nazis in einem KZ ermordet. –
Der zweite Freund war Hans von Woynarowicz, den Doderer in der sibirischen Kriegsgefangenschaft wiedertreffen sollte. Woynarowicz erwies sich dort als erster begeisterter Anhänger von Doderers Schreibversuchen und unterstützte den beginnenden Schriftsteller, wo dies nur immer möglich war.

38 Ersatzeskadron der Dreier-Dragoner in der Kavallerieschule in Stockerau.
Während der letzten Ausbildung in Breitensee, die vor allem den Führungsqualitäten der zukünftigen Offiziere galt, ging es immer wieder hinaus in die Kavallerieschule in Stockerau. Auf dieser Aufnahme, die zur Erinnerung der Teilnehmer gemacht wurde – also wohl unmittelbar vor ihrem Kriegseinsatz –, hat Doderer (auf dem weißen Pferd in der Mitte) sich selber mit einem Kreuzchen bezeichnet. Das Pferd war sein eigener Apfelschimmel namens ‚Glückskind'.

39 Im Schützengraben; Doderer hinten am Tisch, in der Mitte.

Mitte Jänner 1916 mußte Doderer an die Front, aber nicht nur das: ohne die schöne, bunte Dragoneruniform und vor allem ohne ‚Glückskind'. Die Zeit der Reiterschlachten war zu Ende, der österreichisch-ungarische Generalstab verteilte seine Dragoner, Ulanen und Husaren auf die Infanterie. Heimito – nun in ‚hechtgrauer' Uniform – kam nach Südostgalizien, zur 7. Armee, die während des ganzen Frühlings, ohne daß es zu Kampfhandlungen gekommen wäre, damit beschäftigt war, sich vor dem erwarteten Angriff der Russen einzugraben: zuerst in gefrorenem Boden, dann in unendlichem Morast.

40 Im Schützengraben; Pfeil von Doderer.

Der junge Kadett und bald Fähnrich Ritter von Doderer blieb zwar nominell noch immer Dragoner, aber diese Buddelei mit vorwiegend tschechischen und polnischen Soldaten war sicher nicht das, was er sich erwartet hatte. Immerhin begann hier etwas in seinem Leben, von dem er nie mehr lassen sollte: Er begann ein (verlorengegangenes oder von ihm verbranntes) Tagebuch. Es war noch in militärischem Jargon gehalten, „schneidig" in seinen Erinnerungen, aber doch ein Novum: daß einer mit Feder und Papier sich und seine Situation reflektierte. In seinem einzigen Urlaub, im Juni 1916 auf dem Riegelhof, versuchte er sich erstmals als Schriftsteller, geradezu streng aufs Lernen beschränkt: Er verfaßte eine als Übung gedachte Beschreibung des Salons ‚nach der Natur'.

41 Überdachter österreichischer Schützengraben in Galizien.
Während Heimito noch auf Urlaub war, begann der russische General Brussilow seine Großoffensive. Die Österreicher wähnten sich in guter Verteidigungsposition, hatten jedoch nicht mit der menschenverachtenden Angriffsmethode des Generals gerechnet, der seine Truppen trotz enormer Verluste durch das Abwehrfeuer bis an die Schützengräben trieb; dort sprangen sie über die Dächer und griffen den ungedeckten Gegner von hinten an. Das löste überall Panik aus. Brussilow trieb die österreichisch-ungarischen Armeen bis zu 70 Kilometer hinter die Front. Die Monarchie verlor während seiner Offensive rund eine dreiviertel Million Mann (die Hälfte gefangen, die andern vermißt oder tot). Heimito erlebte den Krieg auf dem ständigen Rückzug; zuletzt lag er in einem Schützengraben bei Olesza an den Schleifen des Dnjestr, etwa 30 Kilometer südöstlich von Stanislau bzw. 80 Kilometer nordwestlich von Czernowitz. Nach langem Artilleriebeschuß wurde der Graben am Nachmittag des 12. Juli 1916 gestürmt; der Fähnrich von Doderer kam unverletzt in russische Gefangenschaft.

42 Krasnaja Rjetschka: eine ‚Gartenlaube' des Gefangenenlagers, gezeichnet von Erwin Lang im Herbst 1917.

Nach rund zwei Monaten Fahrt durch ganz Sibirien bis in den Fernen Osten traf Doderer mit vielen anderen im Gefangenenlager von Krasnaja Rjetschka in Russisch-Mandschurien ein, einige Kilometer südöstlich von Chabarowsk, am Zusammenfluß von Ussuri und Amur. Die gefangenen Offiziere – gänzlich von den Mannschaften getrennt – wurden nach dem alten Ehrenkodex behandelt; sie erhielten 50 Silberrubel monatlich, hatten Offiziersdiener und Kaffeehäuser, Tennis- und Fußballplatz, Bibliothek und eigenes Orchester. Aus der Heimat oder über internationale Hilfsorganisationen konnten sie sich besorgen, was immer sie brauchten, ob Geld, Instrumente oder Studierhilfen. Auf Erwin Langs Zeichnung ist die mit Glyzinien bewachsene Gartenlaube erheblich deutlicher dargestellt als der Plankenzaun dahinter – obwohl oder weil er die „Insel der Seligen", wie Doderer diese völlige Zurückgezogenheit nannte, von aller Welt abschloß.

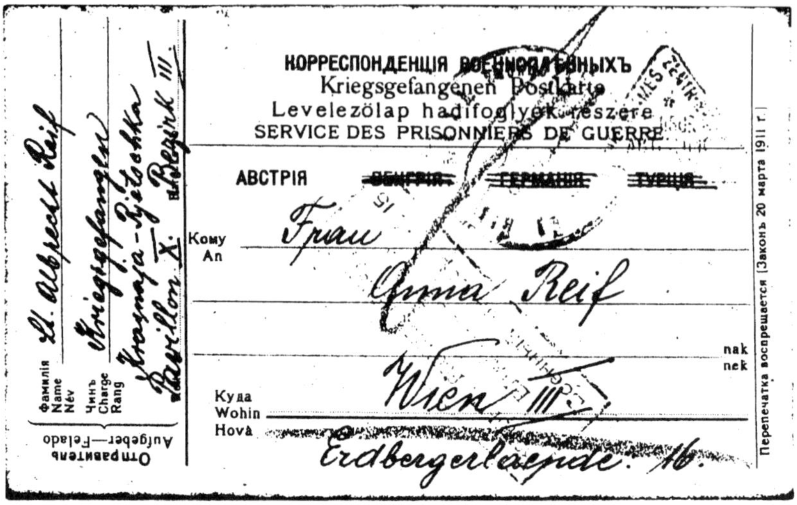

КОРРЕСПОНДЕНЦІЯ ВОЕННОПЛѢННЫХЪ
Kriegsgefangenen Postkarte
Levelezőlap hadifoglyok részére
SERVICE DES PRISONNIERS DE GUERRE

АВСТРІЯ ~~ВЕНГРІЯ~~ ~~ГЕРМАНІЯ~~ ~~ТУРЦІЯ~~

Кому / An: Frau Anna Reif

Куда / Wohin / Hová: Wien III. Erdbergerlaende 16.

Отправитель / Aufgeber—Feladó
Фамилія / Name / Név: Lt. Albrecht Reif
Чинъ / Charge / Rang: Kriegsgefangener
Krasnaja-Rjetschka Pavillon X. Bezirk III.

Перепечатка воспрещается (Законъ 20 марта 1911 г.)

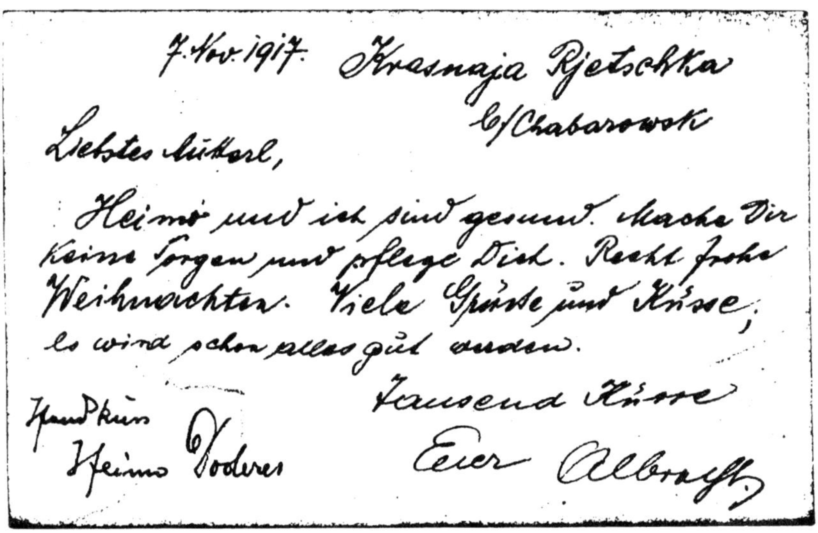

7. Nov. 1917. Krasnaja Rjetschka b/Chabarowsk

Liebstes Mütterl,

Heimo und ich sind gesund. Mache Dir keine Sorgen und pflege Dich. Recht frohe Weihnachten. Viele Grüsse und Küsse; es wird schon alles gut werden.

Tausend Küsse
Euer Albrecht

Handkuss
Heimo Doderer

43 Kriegsgefangenenkarte Albrecht Reifs an seine Mutter.

Bei Doderers Ankunft im Lager, gemeinsam mit seinem Freund Hans von Woynarowicz, ergab sich ein höchst unwahrscheinlicher Zufall: Er traf auf seinen ehemaligen ‚Hofmeister' Albrecht Reif, der hier schon länger in Gefangenschaft war. Der Leutnant Reif war Leiter der Bibliothek und hatte deshalb ein eigenes Zimmer, worin er die beiden Freunde aufnehmen konnte, so daß ihnen die größeren Schlafsäle erspart blieben und jeder in Ruhe tun konnte, was er wollte. In diesem Lager, wo fast jeder bemüht war, die geschenkte Zeit zu nützen, studierten fast alle – Sprachen, Malerei, Musik –, oder sie versuchten ihr durch den Krieg unterbrochenes Studium fortzusetzen oder – sie begannen zu schreiben. Für Heimito von Doderer war diese Entscheidung schon teilweise vorgeformt; im September 1916, gleich nach seiner Ankunft, war ihm erstmals im Leben sein Ziel klar: Schriftsteller zu werden.

44 Heimito von Doderer als ‚Der Gefangene'. Holzkohlezeichnung von Erwin Lang, Entwurf für den späteren Holzschnitt.

Der gefangene Heimito war, im Gegensatz zur abgebildeten Pose, mit seinem Schicksal durchaus zufrieden. Es bedeutete für ihn zwei Jahre, in denen er von allem abgeschirmt, dabei mit dem Nötigen versorgt war – und sich also dem Schreiben widmen konnte wie nie wieder sonst. Dazu brauchte er auch ein Publikum, und hier hatte er ein nahezu ideales: Was immer einer tat, wurde von den anderen mit höchster Aufmerksamkeit zur Kenntnis genommen; jeder Künstler wurde in seinen Absichten bestärkt. Heimito schrieb viel und mit Disziplin, keineswegs nur ‚Übungsmaterial', wie er später behauptete, sondern Erzählungen und – im Entwurf – sogar einen Roman, wenn sich auch noch kaum so etwas wie eine stilistische Einheit und klare Linie abzeichnete.

45 Erwin Lang, Selbstporträt in der Gefangenschaft. Holzschnitt.
Der in seiner Zeit sehr bekannte Maler und Holzschneider Erwin Lang war schon fast drei Jahre in mandschurischen Lagern, ehe er im Herbst 1917 ebenfalls nach Krasnaja Rjetschka verlegt wurde. Er arbeitete überall und ständig in seinem Beruf weiter und unterrichtete auch Malerei, so den späteren Freund Doderers, Hans Eggenberger. Die Freundschaft mit Doderer ergab sich aus gemeinsamen kulturellen Interessen, wobei Lang eher an vielerlei und an allen Künstlern interessiert war, während Doderer auf sich und seine Arbeit fixiert blieb. Die Zeichnungen, Skizzen und Holzschnitte aus der Gefangenschaft brachte Erwin Lang auf seiner späteren Flucht über China alle heil nach Österreich.

46 Das Gefangenenlager oberhalb von Nowo-Nikolajewsk.

Der junge Schriftsteller Doderer bedauerte zutiefst, daß der Separatfrieden von Brest-Litowsk seinem ‚Elysium' ein Ende bereitete. Im April 1918 fuhren drei Züge mit Gefangenen von Krasnaja Rjetschka in den Westen, gelangten sogar über den Ural nach Europa, wurden aber vor der Wolga wegen des beginnenden Bürgerkriegs aufgehalten. Und dann ging es zurück nach Sibirien, bis Nowo-Nikolajewsk (wie das heutige Nowosibirsk bis 1926 hieß). Auch dorthin folgte der Bürgerkrieg: Die Weißen und die Tschechische Legion übernahmen die Macht von den Sowjets. Im Lager hoch oberhalb der Stadt gab es noch Tennis- und Fußballplatz, aber das Elysium war ramponiert; in den Baracken fehlte es an vielem, und das den Offizieren weiterhin ausbezahlte Geld reichte durch die Entwertung nicht einmal für die notdürftigste Ernährung.

47 Weihnachtswünsche 1918 von A. Kunft.
Es ist eindeutig Doderer – erkennbar an den Backenknochen –, der hier schreibend sitzt. Statt des Christkinds kommt ein Amor mit gespornten Dragonerstiefeln – und sieht vielleicht dem Herrn Kunft ähnlich, der gleich mehrere solcher Karten für den offensichtlich verehrten Heimito zeichnete. Homoerotische Bindungen unter Gefangenen waren und sind immer und überall üblich und stellten für den bisexuell veranlagten Doderer kein besonderes Problem dar. Seine dauerhafteste Beziehung in Sibirien war jene zum ebenfalls bisexuellen Albrecht Reif, der schon seinerzeit Heimito als fünfzehnjährigen Schüler ‚verführt' hatte (fast gleichzeitig mit dessen Einweihung in heterosexuelle Praktiken durch die Huren der Adamsgasse, wie in den *Wasserfällen von Slunj* beschrieben). Kunft tauchte nirgends mehr auf und spielte keine sonderliche Rolle. Auch seine Wünsche nützten nichts, da die Gefangenen von Nowo-Nikolajewsk die Feiertage hungernd und erschöpft in Transportwaggons verbrachten; sie wurden nochmals weiter in den Osten, nach Krasnojarsk, verlegt.

48 Die Mutter mit zwei Enkelkindern, Ernö Hauer und Wolfi Stummer.

Im Laufe des Jahres 1918 stockte der Postverkehr mit der Heimat immer mehr und brach schließlich völlig ab. Heimito wußte nichts von der Familie und konnte auch keine Unterstützungen mehr erhalten. Ob ihn die Nachricht von der Geburt zweier Neffen berührt hätte, ist fraglich; doch er hatte auch keine Ahnung, daß sein Vater – dessen Vermögen bei Kriegsbeginn geradezu ungeheuerliche zwölf Millionen Kronen betragen hatte – aus Patriotismus alles in Kriegsanleihen angelegt und somit zur Gänze verloren hatte. Zur tiefsten Erschütterung der Gefangenen führte die Nachricht, daß es jene Heimat, für die sie gekämpft hatten und nun die Gefangenschaft erlitten, gar nicht mehr gab. Die Vorstellung eines amputierten Rest-Österreich blieb ihnen völlig unanschaulich und reichte nicht für eine neue Identifikation.

49 Die Erdbaracken von Krasnojarsk.

50 Schlafsaal im Lager; Skizze von Erwin Lang.

Die achthundert Gefangenen von Nowo-Nikolajewsk wurden in Krasnojarsk zuerst in Erdbaracken gesteckt, nicht mehr als überdachte Erdlöcher mit vereisten Oberlichten. Später wurden sic auf die Schlafsäle der großen Kasernengebäude verteilt. Das Lager war fast eine eigene Stadt, mit damals rund 8000 Gefangenen. Heimito und Hans von Woynarowicz gelangten durch die Vermittlung von dessen Freund Ernst von Scharmitzer in die Baracke der türkischen Offiziere, wo es am meisten Ruhe zum Schreiben gab.

51 Das Krasnojarsker Kriegsgefangenenorchester.
In Krasnaja Rjetschka hatte Doderer noch im Orchester Cello gespielt; in Krasnojarsk waren fast ausschließlich Berufsmusiker tätig, so daß er kaum mithalten hätte können. Außerdem war ihm mittlerweile klar geworden, daß man nicht mehr als eine Kunst betreiben könne, weil sie alle Kraft und Zeit erfordere. – Neben Musik und Theater sowie abwechselnd sechs bis acht Kaffeehäusern – von Doderer gern frequentiert, um über (vorwiegend seine) Literatur zu diskutieren – gab es etwas, das man fast als Universität bezeichnen könnte: mit fachkundigen Vorträgen zu allen Themen und regelmäßigen Vorlesungen und Kursen. Die älteren Reserveoffiziere, die aus den verschiedensten zivilen Berufen kamen, repräsentierten in ihrer Gesamtheit ein hohes kulturelles und intellektuelles Niveau, dessen Einsatz auch dazu diente, in der Extremsituation der Gefangenschaft zumindest einen Teil der geistigen Gesundheit zu bewahren.

52 Dipl.-Ing. Rudolf Haybach, Leutnant der Artillerie.

Durch die rapide Entwertung des Koltschak-Papierrubels – die Offiziere erhielten nun hundert, aber diese reichten nicht einmal fürs Brot eines Monats – wurde es zum Hauptproblem der Gefangenen, sich Geld und Nahrung zu beschaffen. Sie arbeiteten in vielerlei handwerklichen Betrieben, die auf dem Lagerareal entstanden, für die Bedürfnisse der Stadt Krasnojarsk, teils auf Bestellung von Händlern, teils für den freien Markt. – Erwin Lang begann, da es in ganz Krasnojarsk keine funktionierende Druckerei mehr gab, Plakate und Etiketten im Holzdruck herzustellen, was aber erst rentabel wurde, als der Ingenieur Haybach – ausschließlich aus hölzernen Bestandteilen – eine Rotationspresse für Linolschnitte baute. Zu deren Bedienungspersonal gehörte öfter auch Doderer; es wurden bis zu zehntausend Drucke am Tag angefertigt. Einige Erzeugnisse dieser ersten ‚Haybachpresse' – Haybachs nachfolgender Verlag in Wien druckte bereits Doderers Werke – geben ein anschauliches Beispiel für verschiedene Aktivitäten sowie für die vielfältigen Produkte, die im Lager hergestellt und mit großsprecherischen Etiketten versehen wurden. Die Entwürfe stammten meist von Erwin Lang.

53, 54, 55, 56, 57, 58, 59, 60 Etiketten.

ICH ESEL - -
WAR NOCH IMMER NICHT IM
ORPHEUM
CAFÉ RESTAURANT WARME U. KALTE
SPEISEN ZU ALLEN TAGESZEITEN.
HAYBACHPRESSEPAV.XVI

Brandy-
Cream
white star

61 Selbstporträt Hans Eggenbergers aus Krasnojarsk, 1919.
Leutnant Eggenberger war Berufsoffizier gewesen, erlitt 1915 eine schwere Knieverletzung und war seither in Gefangenschaft. Er studierte bei Erwin Lang Zeichnen und Malerei (und blieb später, sein Leben lang, tatsächlich freischaffender Maler). Schon gegen Ende des Aufenthalts in Nowo-Nikolajewsk war zwischen ihm und Heimito eine Beziehung entstanden, vor der sich Albrecht Reif in Eifersucht zurückzog; sie dauerte bis zum Frühjahr, als sie dann um den Jüngling Felician Siegl in Wettstreit traten. Eggenberger – der ‚Jan Alwersik' im *Geheimnis des Reichs* – siegte, aber die Freundschaft mit Heimito dauerte dennoch ihr ganzes Leben an. Durch Eggenberger lernte Doderer einen anderen Berufsoffizier kennen, Jossip Zorn aus Prag – ‚Jossip Hitschka' –, der später Journalist wurde und in den Cafés des Lagers einer der gescheitesten und damit wichtigsten Gesprächspartner des jüngeren Heimito wurde.

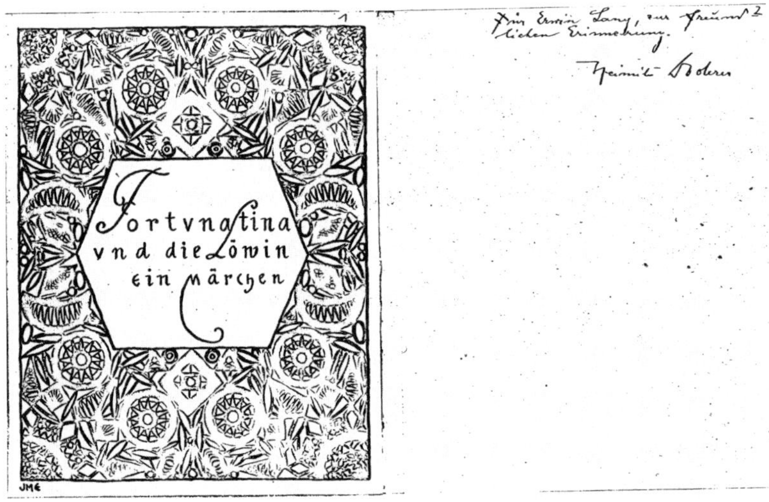

62, 63 Fortunatina.
Zur Verbreitung im Lager oder zumindest unter den Freunden wurden die diversen Dichtungen – auch Ernst von Scharmitzer und Felician Siegl versuchten sich als Schriftsteller – kunstvoll abgeschrieben: hier Doderers ‚Fortunatina und die Löwin', eine Erzählung nach einem Motiv von Peter Altenberg, Titelblatt und Schrift von Hans Eggenberger. Jeder nahm des anderen Kunst so ernst es nur ging. Doch Doderers wichtigster Verehrer blieb Hans von Woynarowicz, der, um dem Freund das Schreiben zu ermöglichen, auch oft seine Lebensmittel mit ihm teilte. Beide drehten – gemeinsam mit den Brüdern Scharmitzer – wochenlang eine überdimensionierte Kaffeemühle zwischen den Knien, um für einen Händler in der Stadt den geschmuggelten Kaffee zu mahlen.

64 Graf Xaver Schaffgotsch; Aquarell von Erwin Lang, Krasnojarsk, Mai 1919.
Der Graf aus Wien mit dänischem Paß war in Omsk Vertreter des dänischen Roten Kreuzes, das die Betreuung der österreichisch-ungarischen Gefangenen übernommen hatte (für die Deutschen war das schwedische zuständig). Im Mai kam er, auf dem Weg nach Wladiwostok, einige Tage nach Krasnojarsk, wobei er die ganze Freundesgruppe kennenlernte: Doderer, Lang, Woynarowicz, Scharmitzer, Zorn, Eggenberger. Für ihre Gänge in die Stadt – was mit Passierschein jederzeit möglich war – schenkte er ihnen seinen Mantel, der später bei Doderer als Pritschenunterlage endete. Heimito und Xaver trafen einander in Wien gelegentlich – etwa in der Villa Scharmitzer –, doch ihre enge Freundschaft entstand erst mehr als dreißig Jahre später.

65 Elsa Brandström, der ‚Engel von Sibirien'.

Im Sommer 1919 meldete sich Doderer – mit einem Teil der Freunde – zum Holzfällen in den Wäldern südlich des Lagers. Während ihrer Abwesenheit kam es in Krasnojarsk zu einem Rekrutenaufstand gegen die ‚Weißen' und Tschechen, wobei sich die Kämpfe unmittelbar beim Lager abspielten. In der Steppe hinter dem Plankenzaun wurden dann alle achthundert jungen Burschen standrechtlich erschossen. Doch wurden auch gefangene Offiziere der Anstiftung und Mithilfe bezichtigt. Elsa Brandström, Abgeordnete des schwedischen Roten Kreuzes, die sich unermüdlich und oft unter Einsatz ihres Lebens um alle Gefangenen Sibiriens bemühte, kämpfte drei Tage und Nächte vergebens um das Leben von neun ungarischen Offizieren, die dann doch erschossen wurden. Aus zwei weiteren Baracken war noch jeder zehnte zur Hinrichtung bestimmt, unter ihnen Erwin Lang; das Leben dieser Gefangenen konnte Elsa Brandström im letzten Moment retten. Es hat Doderer sehr eigentümlich berührt, als im Park gegenüber der letzten Wohnung seines Lebens – in der Währinger Straße – ein Denkmal für Elsa Brandström errichtet wurde. Jene Zeit in Sibirien beschäftigte ihn immer wieder: In seinem letzten, unvollendeten Werk, *Der Grenzwald,* spielt die Erschießung der ungarischen Offiziere eine entscheidende Rolle.

66 Der Plankenzaun des Lagers; Aquarell von Erwin Lang.

Ab diesem Ereignis konnte niemand mehr sicher sein, daß ihn der Status des Kriegsgefangenen schützen würde. Das Leben wurde bedrohlich, Arbeit und Lebensmittelbeschaffung zunehmend schwierig und unsicher. Der Herbst verging in besorgter Erwartung der Roten Armee, welche die ‚Weißen' quer durch Sibirien vor sich hertrieb. Sie besetzte Krasnojarsk in der zweiten Januarwoche.

УДОСТОВѢРЕНІЕ № 169

ПРОПУСКЪ № 3785

67 Bescheinigung Nr. 169.

Die mittlerweile zwölftausend Gefangenen mußten zum Großteil in Erdbaracken übersiedeln, da die Rote Armee die Kasernen selbst brauchte; die Ernährung bestand meist nur aus stinkender Fischsuppe. Durch das Leben auf engstem Raum und die körperliche Schwächung wurden Seuchen begünstigt; fünftausend Mann des Lagers starben an Flecktyphus. – Doderers Bescheinigung, die von österreichischen Offizieren des Kriegsgefangenenkomitees unterschrieben ist und am 9. Jänner ausgestellt wurde, bestätigte ihm nur, ein Kriegsgefangener des Krasnojarsker Kriegsstädtchens (‚woyennij gorodok'; so hießen alle Garnisons- und Militärsiedlungen außerhalb der Städte) zu sein.

68 Zulassungsschein Nr. 3785.

Dieser ‚Propusk' ermächtigte ‚Doderer Gejnrich' – und wie aus der Nummer hervorgeht, erhielten wohl auch alle anderen einen solchen Schein –, sich täglich von sechs Uhr morgens bis zehn Uhr abends außerhalb des Lagers aufzuhalten. Von zusätzlichem Interesse ist, daß hier vom ‚ehemaligen ausländischen Kriegsgefangenen' die Rede ist; das bedeutet, daß er nun als einfacher Ausländer galt, teilweise von den Behörden kontrolliert. Die Ausgangserlaubnis war nötig, um den (ehemaligen) Gefangenen Gelegenheit zu geben, sich selbst zu ernähren, da oder dort für ihren Unterhalt zu arbeiten. Im Juni beschloß Doderer gemeinsam mit sieben anderen, die Heimreise zu versuchen, was kaum eine Flucht war, da sich niemand darum kümmerte oder ihnen folgte. Auf der Reise nach Petersburg – weitgehend mit der Eisenbahn – mußten sie auch 500 Kilometer durch die Steppe (bis zum Ural) zu Fuß zurücklegen; schließlich kamen sie aus dem Baltikum mit einem Schiff nach Stettin, von wo die deutschen Behörden für die weitere Heimreise sorgten.

Heimkehrerzerstreuungsstation
in Wien-Hietzing

Nur gültig, wenn die Reise spätestens am dritten Tage nach der Ausstellung des Entlassungsscheines angetreten wird.

Demobilisierung.

Gültig zur Lösung einer Militärfahrkarte gegen Stundung der Fahrtgebühren zur einmaligen Fahrt in der ..... Klasse Personenzug auf dem kürzesten Wege

von ....

nach ....

Fahrtunterbrechung nicht gestattet.

Heimkehrer-Entlassungsschein.

Charge	Fähnrich i. d. Res.
Name	Doderer Heimito
Grundbuchzuständiger Standeskörper	Drag. 3
Geburtsdaten	Jahr 1896 Ort Wien, Bezirk Wien
Heimatsberechtigt in	Ort Wien, Bezirk
Evidenzdaten*)	Vormerk-Blatt Nr. .... Musterungsjahr 1915
In Gefangenschaft geraten, wo und wann?	12. Juli 1916 Olesza
Empfangene Gebühren (detailliert mit Angabe der Beträge)	(Adjutum) vom 1/8 1914 ... K 200 / Relutum vom 30/6 1916 ... K 793 / Haftzulage vom ... 1919 K 152.50 / Arrestäquivalent für ... 1919 à K ... / Summe K 1145.50
Empfangene Bekleidung	
Gewähltes Domizil	Wien
Genaue Adresse	III. Stammgasse Nr. 12
Tag der Entlassung	14. Aug.

Wien, am 14. August 1920

Heimkehrer-Zerstreuungsstation

Kommandant der Heimkehrerzerstreuungsstation.

*) Nichtzutreffendes ist zu streichen.

69 Heimkehrer-Entlassungsschein.

Am 14. August 1920 traf Heimito von Doderer – nach mehr als vierjähriger Abwesenheit – wieder in Wien ein: in der Heimat, zugleich in einem völlig unbekannten ‚Vaterland'. Noch am selben Tag wurde er von der ‚Heimkehrerzerstreuungsstation' der Republik mit 1145 Kronen und 50 Hellern als Fähnrich in der Reserve aus dem Militärdienst entlassen; einen Monat später bekam er für die vierjährige Gefangenschaft zusätzlich 3810 Kronen über die Postsparkassa überwiesen. Im Elternhaus in der Stammgasse war kein einziges Familienmitglied anwesend; die neue Hausmeisterin wollte den zerlumpten Kerl, der einen in Stettin geschenkten englischen Waffenrock trug, zuerst gar nicht ins Haus lassen. Dann gelangte er doch zu Bad und frischer Wäsche, erholte sich einen Tag lang und fuhr auf den Riegelhof weiter.

2.TEIL: 1920–1936

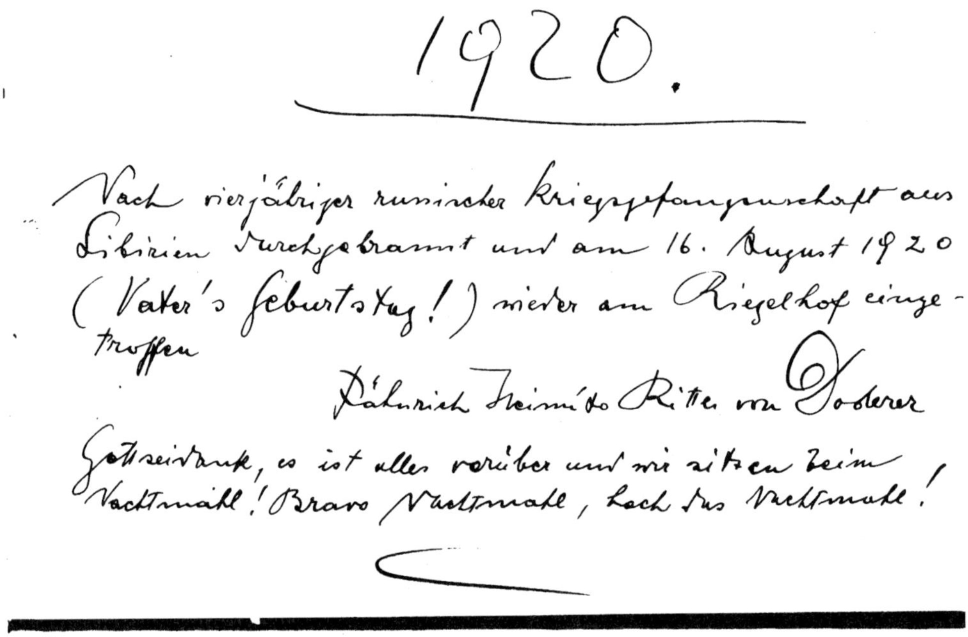
1920.

Nach vierjähriger russischer Kriegsgefangenschaft aus Sibirien durchgebrannt und am 16. August 1920 (Vater's Geburtstag!) wieder am Riegelhof eingetroffen

Fähnrich Heimito Ritter von Doderer

Gottseidank, es ist alles vorüber und wir sitzen beim Nachtmahl! Bravo Nachtmahl, hoch das Nachtmahl!

70 Gästebuch des Riegelhofs, 1920.

In memoriam.

I. m. „Omsk"!

Und dennoch findest diese Welt Du herrlich
wenn Du nur alle Kraft und alle Liebe die Du hast
drauf hinziehst, dass Du reinlich sie erfasst —
die Trauer wird Dir schön, kein Missgeschick beschwerlich.

Dem Wanderer entrollt ihr Bild die Welt:
dem Knaben, dem sie noch den Sinn umschlossen hält
dem Jüngling, dem sie ganz im Gegensatz zerbricht —
und dann dem Mann. Ihm endlich flicht
sie wenige bescheidene Zusammenhänge
führt ihn so durch die Rückschau aus der Enge
mit ihren vielen Bildern, die sie ihm gegeben ....
schau jetzt! schon bricht
uns süss und breit die Trauer aus gelebtem Leben!

I. m. „Prein"!

Auch durch mein Herz ziehe, Du ruhiger
Hellen im Feld schlagender Wind!
soweit ich geh' und sehe sind
Sonntage aufgezogen am Felde
am Wald für die singenden Vögel;
am Himmel mit breit-vollem Segel
zieht eine Wolke, sonnensatt und mild.

I. m. „Das Ganze"!

Kostbar liegt das Leben ausgebreitet
zuzugreifen braucht hier nur die Hand
doch sie zaudert vor der Überfülle
sieh! dies alles liegt ja nur als Hülle
vor dem neuen, lang geahnten Land.

Heimito Ritter von Doderer
17. August 1920

71 In memoriam.

72 Die Eltern.

Der von Arthrose fast gelähmte Vater hatte 1917 die Leitung seiner Firma zugunsten seines Schwiegersohns August Mayer aufgeben müssen, der sie mit seinem Kompagnon Innerebner in Tirol weiterführte. Zudem hatte der Verlust seines Vermögens den nun 66jährigen schwer getroffen (es war immerhin genug geblieben, um Stadt- und Landhaus weiterzuführen, aber wenig mehr). Ohne eigene Firma betraf ihn der Entschluß seines jüngsten Sohnes, Schriftsteller zu werden, nicht sehr; er verlangte bloß, daß Heimito ein beliebiges Studium mit Doktorat abschließen möge. – In den letzten zwei Jahren war die Mutter ohne Nachricht von ihrem Sohn geblieben; man hatte in ihrer Gegenwart gar nicht von Heimito reden dürfen, um ihren Schmerz nicht noch zu steigern. Das Glück über seine Wiederkehr schloß aus, daß sie sich seiner Entscheidung widersetzte. Da sie ohnehin immer zur Überschätzung der Talente ihrer Kinder geneigt hatte, war sie eher stolz auf eine künstlerische Laufbahn in ihrer Familie und unterstützte Heimito – auch hinter dem Rücken des Vaters – bis zu ihrem Lebensende aus den eigenen Mitteln der Mitgift Heinrich von Hügels.

73 Heimito von Doderer: Zivilist, Student und Schriftsteller.
„Ich bleibe bei der Stange, bleibe beim Handwerk [. . .], weil ich nicht anders kann! Ich glaube, die vier Jahre in Russland haben über mich entschieden." So heißt es in der ersten Eintragung im neuen Tagebuch, wobei mit den vier Jahren Rußland nicht seine Erlebnisse gemeint sind, sondern ein Dasein, dessen Mittelpunkt, Anker und Rettung sein Schreiben gewesen war. Die Wahl seines Studiums – Geschichte und Psychologie – galt jetzt von Anfang an keiner Berufsabsicht, sondern war als zusätzliche Ausbildung des Schriftstellers gedacht. Zudem empfand er infolge des nachlässig betriebenen Gymnasiums sowie der Gefangenschaft recht deutlich ein ‚intellektuelles Defizit'; um dieses zu beheben, stellte er sich unter anderem umfangreiche Leselisten zusammen.

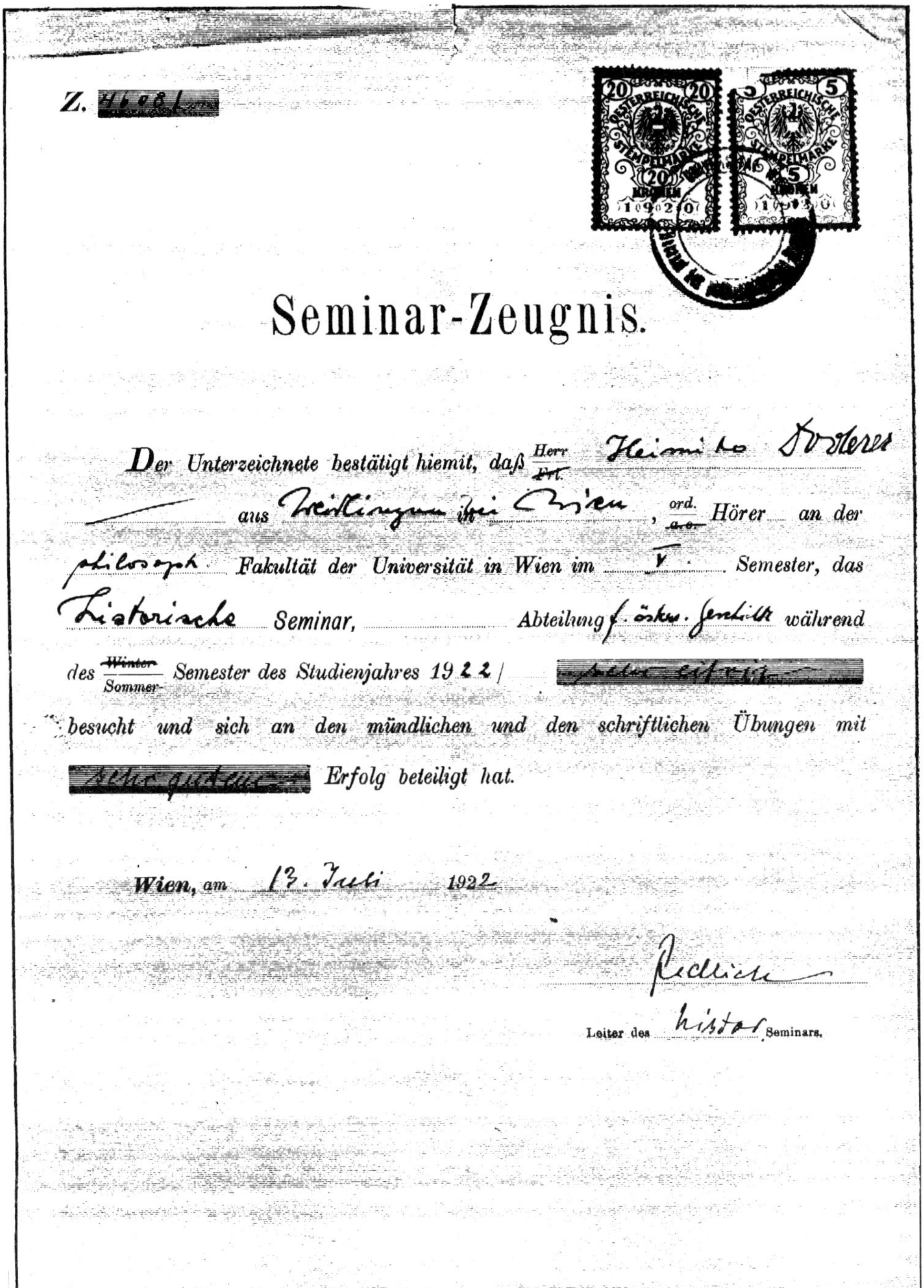

Z. [redacted]

Seminar-Zeugnis.

Der Unterzeichnete bestätigt hiemit, daß ~~Frl.~~ Herr Heimito Doderer aus Weidlingau bei Wien, ord. ~~a.o.~~ Hörer an der philosoph. Fakultät der Universität in Wien im V. Semester, das historische Seminar, Abteilung f. österr. Geschichte während des ~~Winter~~ Sommer Semester des Studienjahres 1922 / [redacted] besucht und sich an den mündlichen und den schriftlichen Übungen mit [redacted] Erfolg beteiligt hat.

Wien, am 13. Juli 1922

Redlich

Leiter des histor. Seminars.

74 Seminar-Zeugnis.

75 Prof. Oswald Redlich.
„Sehr eifrig" und „sehr gut" sind Bewertungen, die im Gymnasium kaum vorstellbar waren. Heimito von Doderer betrieb sein Studium, wie ab nun alles, das er wirklich ernst nahm, mit verbissenem Ehrgeiz und durchaus erfolgreich. Hofrat Oswald Redlich, der gelegentlich auch im Haus seiner Eltern verkehrte, war einer der bedeutendsten Historiker an der Wiener Universität, der seine Schüler vor allem zu gründlichstem Quellenstudium verpflichtete. Doderer bewährte sich bei ihm ganz ausgezeichnet, und die Familientradition will haben, daß Redlich sich den jungen Schriftsteller als Assistenten gewünscht hätte, wofür es allerdings keinen Beweis gibt. Noch 1943, ein Jahr vor seinem Tod, dankte Redlich Doderer für dessen Geburtstagswünsche und zeigte in seiner Antwort viel anerkennende Sympathie.

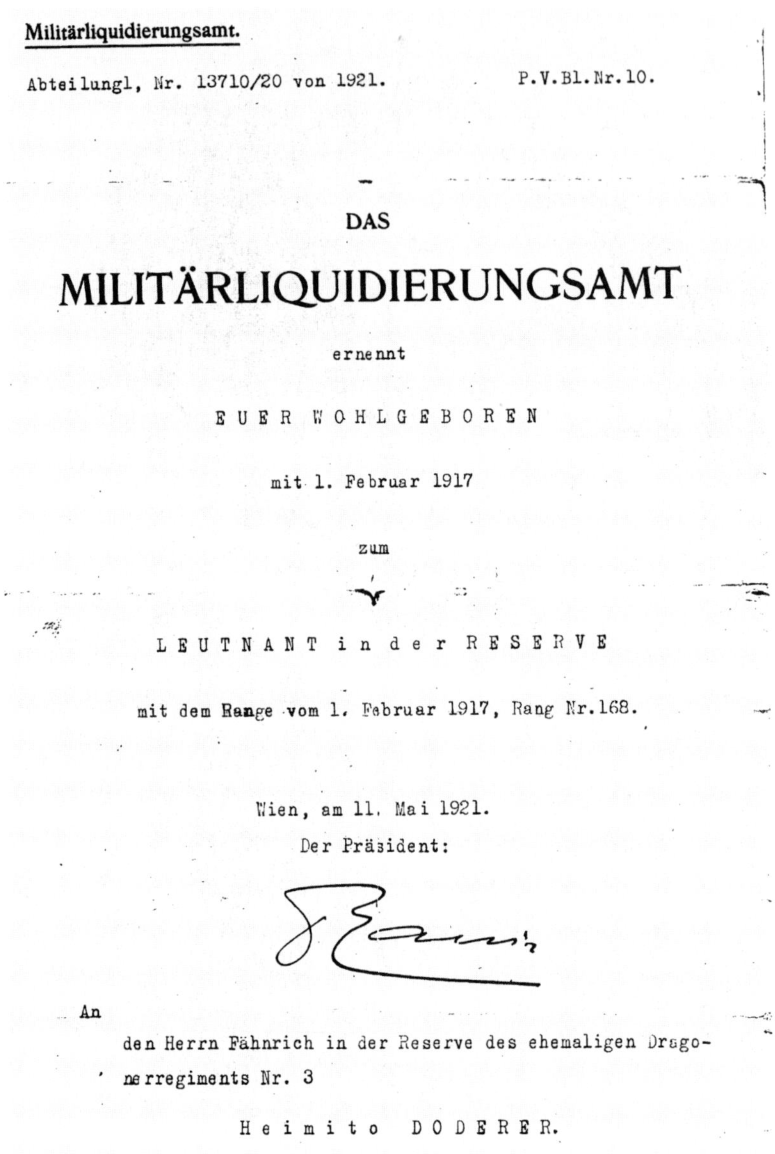

Militärliquidierungsamt.

Abteilungl, Nr. 13710/20 von 1921. P.V.Bl.Nr.10.

DAS

MILITÄRLIQUIDIERUNGSAMT

ernennt

E U E R W O H L G E B O R E N

mit 1. Februar 1917

zum

L E U T N A N T i n d e r R E S E R V E

mit dem Range vom 1. Februar 1917, Rang Nr.168.

Wien, am 11. Mai 1921.
Der Präsident:

An

den Herrn Fähnrich in der Reserve des ehemaligen Dragonerregiments Nr. 3

H e i m i t o D O D E R E R.

76 Ernennung zum Leutnant.

Bei den Spazierrunden entlang des Plankenzauns von Krasnaja Rjetschka hätte der Fähnrich von Doderer etwas weniger häufig salutieren müssen, wenn er 1917 gewußt hätte, daß man ihn für dieses Jahr zum Leutnant ernennen würde. Vier Jahre später nützte es nichts und war auch mit keiner finanziellen Rückvergütung verbunden. Diese wäre ihm willkommener gewesen als jeder Rang – oder gar die Vorstellung, daß er damit nochmals in einen Weltkrieg einzurücken haben würde.

77 Helga mit dem Sohn.

Neben der konzentrierten Ernsthaftigkeit der literarischen Absichten und des Studiums stand mit mindestens ebensolcher Dringlichkeit alles, was es nach vier Jahren Gefangenschaft an Leben aufzuholen gab. Zunächst waren es Familienmitglieder, die Heimito zu Gesellschaften und Hausbällen ihres Bekanntenkreises mitnahmen, vor allem Immo sowie Helga. Deren Mann Ernö Hauer war nach dem Zerfall der Monarchie vom zuerst gemeinsamen österreichisch-ungarischen in den ungarischen Außendienst übergetreten, konnte jedoch vorläufig mit Frau und Kind in der Wiener Gesandtschaft Ungarns bleiben. Er war ihr bald zu bieder und fade; ihre Gier nach dem – wie sie meinte: ihr zustehenden – Außergewöhnlichen ließ sie in vielen Kreisen verkehren, wo nun auch Heimito auf die Jagd ging, vor allem nach Frauen.

78 Ernst von Scharmitzer.

79 Villa Scharmitzer in Ober St. Veit.
Neben der Familie, von der sich Doderer zunehmend distanzierte – zum Teil wegen der sehr anderen Interessen, aber auch, weil niemand sein Schreiben so ernst nahm, wie er das verlangte –, blieb vorerst der Freundeskreis aus Sibirien. Hier kam es in den gemeinsamen Erinnerungen zur Identifikation mit einer Vergangenheit, die zwar das Leben dieser jungen Männer geprägt hatte, aber in der Wirklichkeit der jungen Republik keine Rolle spielte. – Scharmitzer war damals gerade im Begriff, die Schwester des Kameraden Hans von Woynarowicz zu heiraten. In seiner Villa trafen sich die Freunde häufig, darunter Haybach, Lang und Schaffgotsch, später auch Gütersloh. Doderer sollte dort bis zu seinem Lebensende verkehren. 1930 las er vor einer erweiterten Runde von Freunden *Das Geheimnis des Reichs* – unter anderem eine Geschichte der gemeinsamen sibirischen Gefangenschaft – erstmals vor.

80 Gusti Hasterlik.
Im Spätsommer 1921 lernte Doderer durch Ernst Pentlarz, den früheren Freund von den Dreier-Dragonern, dessen Verlobte Gusti Hasterlik kennen. Beide waren sofort voneinander fasziniert und opferten ohne große Überwindung den ‚kleinen E. P.', wie er in der *Strudlhofstiege* heißt. Es sollte eine rund zehnjährige Beziehung voll dramatischer Turbulenzen werden; vielleicht die intensivste in Doderers Leben, vor allem, wenn man davon ausgeht, wie lange er auch literarisch um ein gültiges Bild dieser Frau gerungen hat: unter den Namen ‚Grete' Siebenschein und ‚Camy von Schlaggenberg' ist sie den Lesern von *Strudlhofstiege* und *Dämonen* ein Begriff.

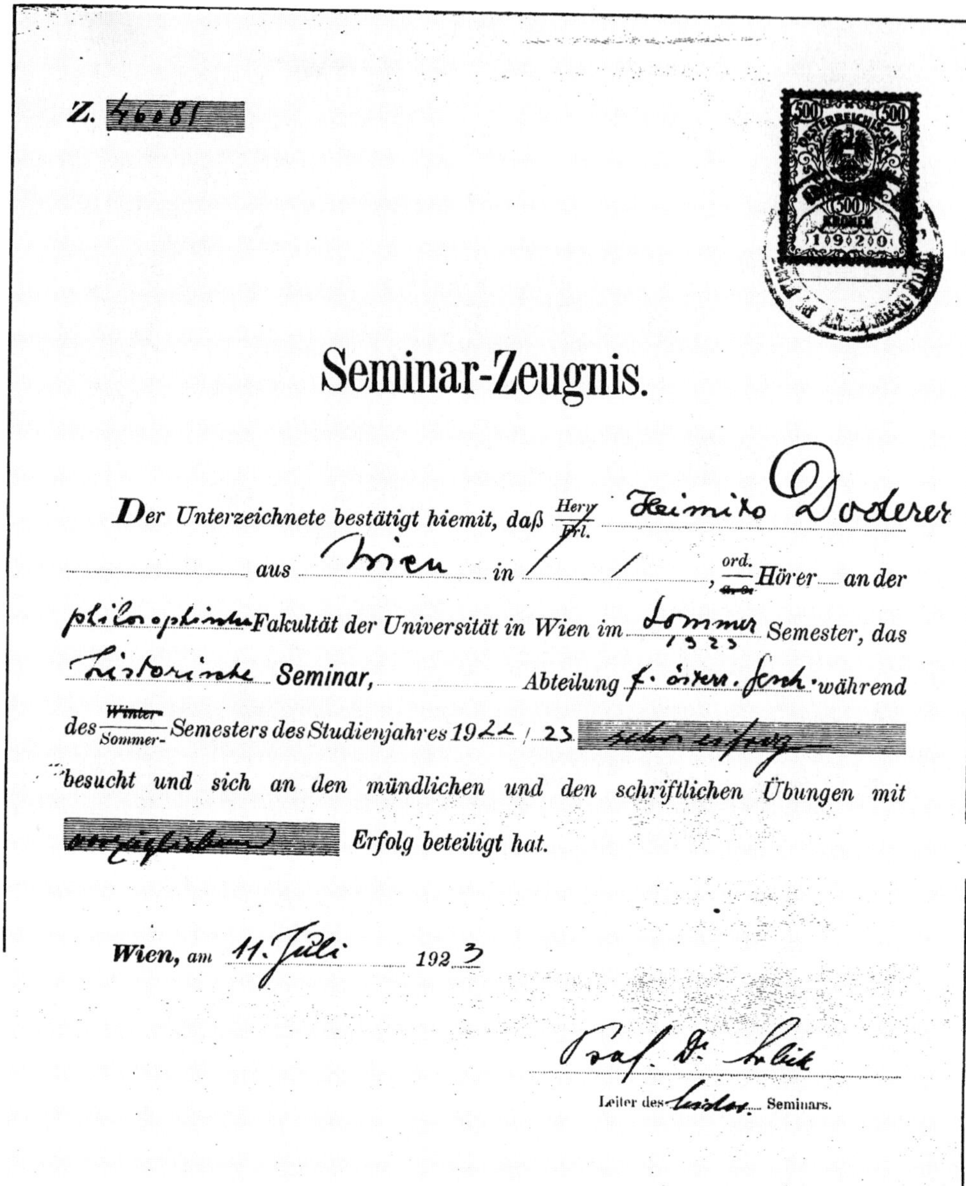

Z. 46081

Seminar-Zeugnis.

Der Unterzeichnete bestätigt hiemit, daß Herr Heimito Doderer aus Wien in / / , ord. Hörer an der philosophischen Fakultät der Universität in Wien im Sommer 1923 Semester, das historische Seminar, Abteilung f. österr. Gesch. während des Sommer-Semesters des Studienjahres 1922/23 sehr erfolgreich besucht und sich an den mündlichen und den schriftlichen Übungen mit vorzüglichem Erfolg beteiligt hat.

Wien, am 11. Juli 1923

Prof. Dr. Redlich

Leiter des histor. Seminars.

81 Seminar-Zeugnis.

82 Prof. Heinrich von Srbik.
Neben Oswald Redlich wurde der Professor für Geschichtswissenschaften Heinrich Ritter von Srbik für Doderer zu einem Einfluß, der – zeitlich wie ideologisch – weit über sein Geschichtsstudium hinausgehen sollte. Srbik, ein überaus anerkannter und gründlicher Historiker, stellte die Geschichte aller deutschsprachigen Länder und Völker vom frühen Mittelalter bis zur Gegenwart unter dem ausschließlichen Aspekt dar, wie sehr die jeweilige Entwicklung einem Zusammenschluß aller Deutschen nützlich oder schädigend gewesen sei, wobei das sogenannte Heilige Römische Reich Deutscher Nation Maßstab und Ideal blieb. So kam es letztlich zu dem ‚Mißverständnis' – sowohl Srbiks wie Doderers –, Hitlers Annexionsbestrebungen historisch legitimiert zu sehen; allerdings reicht dies nicht aus, um beider Weg zum Nationalsozialismus gänzlich zu erklären. Immerhin erleichterte es die Vorstellung von einem ‚heiligen Reich', persönlichen politischen Neigungen zu folgen und Verbrechen lange Zeit zu übersehen.

83 Prof. Dr. Hermann Swoboda.

Für Doderers Leben bestimmend wurden auch gewisse Ansichten seines Psychologieprofessors Swoboda. Dieser war einer der ersten Patienten Freuds sowie einer der engsten Freunde Otto Weiningers gewesen; schließlich hatte er eine ‚Psychologie' sehr eigener Prägung entwickelt. Diese schloß therapeutische Verfahren, Assoziationen oder ein sexuell geprägtes Unterbewußtsein aus, da alle Phänomene der Psyche auf ein ‚naturgesetzmäßiges' zyklisches Auftreten zurückgeführt wurden, wobei Swoboda den männlichen 23-Tage- bzw. weiblichen 28-Tage-Rhythmus von Wilhelm Fließ entlehnt hatte. Doderer kontrollierte sein Lebtag lang nach diesen Regeln, ob er sich gerade in einer begünstigenden oder benachteiligenden Phase befände; aber auch die ‚freisteigenden Erinnerungen' – nämlich der Wahrheit – , eine Grundlage seiner Romantheorie, finden nur in Swobodas Lehre ihre (höchst zweifelhafte) Begründung.

84 Erlaß des Bundesministeriums.

85 Lesesaal des Instituts für österreichische Geschichtsforschung.

Bereits nach sechs Semestern wurde Doderer, seiner erfolgreichen Gründlichkeit wegen, als Mitglied des Instituts für österreichische Geschichtsforschung zugelassen: also zu Kursen für eine hochqualifizierte Ausbildung, die über jene des gewöhnlichen Studiums weit hinausging. Allerdings schaffte er den Abschluß dieser für zwei Jahre vorgesehenen Studien erst mehr als ein Vierteljahrhundert später. Beim ersten Versuch kam wahrscheinlich ein vertuschter kleiner Skandal – möglicherweise ein Privatbesuch Gustis im Lesesaal – dazwischen; er mußte den Kurs samt Stipendium wieder aufgeben, wenn auch als freiwilliger Verzicht getarnt, so daß die eigentliche Begründung im Bereich der Gerüchte blieb.

ad.Zl.165/1923.   Wien,am 30. September 1923.

Zufolge Erlasses des Bundesministeriums für Unterricht vom 16.Juli 1923 Zl.12054/ I-2 werden Sie für die Studienjahre 1923/24 und 1924/25 zum ordentlichen Mitglied des österreichischen Instituts für Geschichtsforschung ernannt und Ihnen gleichzeitig für die beiden Studienjahre ein jährliches Stipendium von Kr.80.000 verliehen.

Der Vorstand des österreichischen Instituts
für Geschichtsforschung.

Österr. Institut für Geschichtsforschung a. d. Universität in Wien

i.V.

Herrn stud.phil. Heimito D o d e r e r

Wien.

HEIMITO DODERER
GASSEN UND LANDSCHAFT
HAYBACH VERLAG WIEN

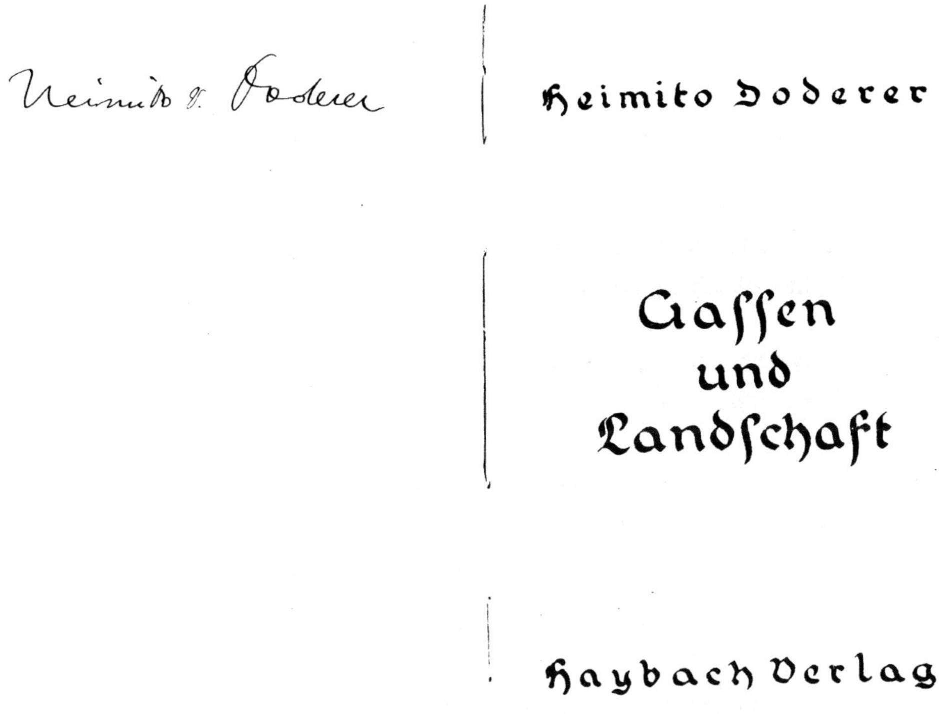
Heimito v. Doderer

Heimito Doderer

Gassen
und
Landschaft

Haybach Verlag

86 „Gassen und Landschaft", der erste Gedichtband.

Natürlich konnte Rolf Haybach von seiner Verlagsgründung, Fortführung der Krasnojarsker ‚Haybach-Presse', nicht leben. Er arbeitete daneben wieder als Ingenieur, vor allem im Wasserbau. Sein Verlag war im wesentlichen für die Freunde gedacht – neben Doderer auch Lang, Gütersloh, Franz von Zülow und andere –, wobei es ihm vor allem darauf ankam, die Bücher durch seinen persönlichen Einsatz schön zu gestalten.

26. Die Geliebte.

Die Geliebte überwölbt mein Leben
und ist wie ein Bogen unter dem ich stehe:
aus dem edlen Bogen in die große
Landschaft geh ich wie aus ihrem Schoße,
als von ihr geboren und gegeben.
Die Geliebte überwölbt mein Leben.

Die Geliebte ist die ferne Küste
die ich einst im Rauch der Zeit verloren,
deren blauer Rand mir tief im Schlaf erscheint:
die Geliebte ist ein Traum, nach dem man weint.
Die Geliebte ist die ferne Küste.

Die Geliebte ist die alte Heimat
echte Heimat, die ich dann verlassen.
Die Geliebte kann ich nicht erfassen,
denn ich müsste von mir selbst mich trennen
um das Tiefstverwandte zu benennen:
Die Geliebte wirst Du nie erfassen.
Die Geliebte ist die alte Heimat.

87 „Die Geliebte".
Haybach schnitt selber die Schrift für die Gedichte Doderers, wodurch das Büchlein – je nach Geschmack – einen sehr persönlichen oder auch leicht dilettantischen Charakter erhielt. Gerade bei diesem Gedicht ist es sehr wahrscheinlich, daß es zu jenen gehörte, die Doderer noch in Sibirien verfaßte und sich – wie auch längere Prosastücke – merkte, um sie dann erst in Wien niederzuschreiben.

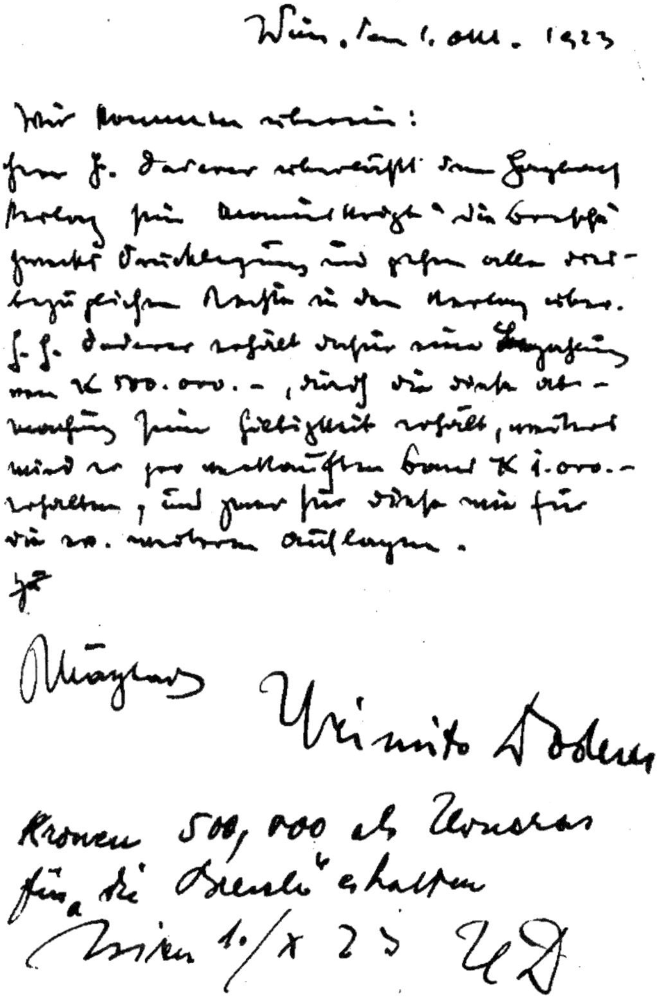

Wien, den 1. Okt. 1923

Wir kommen überein:
Herr H. Doderer überläßt dem Haybach Verlag sein Manuskript „Die Bresche" [illegible] Drucklegung und gegen alle [illegible] Rechte an den Verlag über.
H. H. Doderer erhält dafür eine Anzahlung von K 500.000.–, durch die [illegible] seine Tätigkeit erhält, außerdem wird er pro verkauftem Band K 1.000.– erhalten, und zwar für diese wie für die ev. weiteren Auflagen.
gez.

Haybach Heimito Doderer

Kronen 500,000 als Vorschuss für die Bresche erhalten
Wien 1/X 23 HD

88 Vertrag Haybach – Doderer für „Die Bresche".
Gleich nach dem Erscheinen des Lyrikbandes wagte Haybach, ohne von irgendeinem Erfolg dazu ermutigt zu sein, einen neuen Vertrag, diesmal für Doderers ersten Roman. (Allerdings finanzierte Haybach seine Verluste als Verleger teilweise aus dem Vermögen seiner Frau Anny.) Die Anzahlung von einer halben Million Kronen fiel freilich in die letzte und schlimmste Phase der Hyperinflation, so daß der Realwert äußerst rasch verpuffte.

89, 90 Zwei Schnappschüsse von Heimito am Riegelhof; vom ‚kleinen E. P.' für Gusti Hasterlik mitgebracht.

In Doderers Familie war Gusti nicht sonderlich wohlgelitten; zumeist kam sie nur außerhalb der Saison auf den Riegelhof, wenn sich Heimito dort alleine aufhielt. Die Beziehung war sehr schnell zu einem Wechselbad von Glück und Konflikt geworden. Sie waren gleich alt, und doch wirkte Gusti – eine sehr sensible und intelligente, doch auch hypochondrische und erregbare Frau – um vieles reifer als Heimito. Sie bemühte sich um die Dauerhaftigkeit ihres Verhältnisses und nahm an seinen literarischen Arbeiten intensiv Anteil; er posierte kompromißlos, was meist nur hieß: uneingeschränkt auf sich bezogen, und war innerlich zur Dauer so wenig bereit wie zum gegenteiligen Entschluß, Gusti wieder aufzugeben.

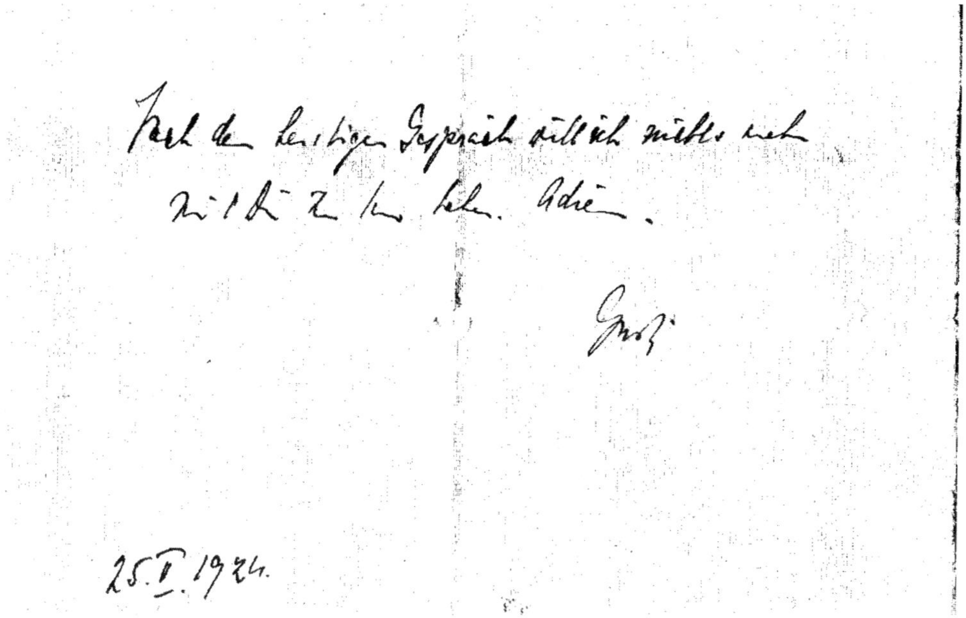

Nach dem heutigen Gespräch will ich nichts mehr mit Dir zu tun haben. Adieu.

Gusti

25.V.1924.

91 Nach dem heutigen Gespräch will ich nichts mehr mit Dir zu tun haben. Adieu. Gusti.

92 Gusti Hasterlik im Juli 1924 in Deauville.
Jeder Trennung folgte, wie in solchen Beziehungen üblich, eine Phase intensiven Glücks. Dann litt Gusti darunter, ihren ‚guten Liebling Heimchen' allein lassen und ihre eigene Familie in den Urlaub begleiten zu müssen. Auf diesem Foto hält sie Susi, die ältere Tochter ihrer Schwester Mia, an der Hand.

93 Mia Koritschoner, geborene Hasterlik, geschiedene Weiss, mit ihren Töchtern Susi und Julia.

Mia war gescheit, charmant und hübsch; zu ihr hatte Doderer ein besonders angenehmes und entspanntes Verhältnis, vielleicht, da er sich – im Gegensatz zu sehr vielen anderen – erotisch von ihr nicht betroffen fühlte. Ihre erste Ehe mit Ernst Weiss scheiterte, unter anderem wegen ihrer Liebe zu Doderers Freund Ernst Polak; dieser war mit Milena Jesenská (Kafkas Milena) verheiratet, die ihn schließlich wegen und mit Xaver Schaffgotsch verließ. Nach der Scheidung von Weiss heiratete Mia den ziemlich undurchsichtigen Geschäftsmann Julius Koritschoner, der zwischen unermeßlichem Reichtum und Pleite pendelte und morphiumsüchtig war; er verschwand schließlich spurlos und rätselhaft. Mia blieb mit den beiden Töchtern allein.

94 Irma Hasterlik.
Gusti wollte Heimitos literarische Arbeiten fördern und ihm zu Publikationsmöglichkeiten verhelfen, wofür ihm selbst jedes Geschick fehlte. Gleichzeitig aber fürchtete er, sie wolle damit sein Künstlertum einschränken und im Rahmen einer bürgerlichen Ehe domestizieren. Was er an ihr immer wieder beargwöhnte und ihr vorwarf, sah er am deutlichsten in ihrer Mutter Irma verkörpert: die Vereinnahmung des Brauchbaren bei Geringschätzung alles dessen, das anders und damit unnütz schien. Irma Hasterlik erinnerte ihn bei ihrem Anblick immer wieder an eine „nahrungssuchende Ratte".

95 Medizinalrat Dr. Paul Hasterlik.

Mit ihrer Mutter und deren Eigenschaften kam auch Gusti sehr schlecht zurecht; um so mehr liebte sie ihren Vater, den auch Heimito von Doderer – so wie alle Zeitgenossen, die Zeugnis über ihn ablegten – sehr verehrte. Der Doktor, getaufter und völlig assimilierter Jude, Zahnarzt in der Wickenburggasse, war auf allen kulturellen Gebieten überaus beschlagen. Er sammelte moderne Kunst, besuchte Konzerte und die Oper und hielt ein offenes Haus, wo nicht nur musiziert wurde, sondern auch literarische Soireen stattfanden, unter anderem schon in den frühen zwanziger Jahren eine Lesung aus den Werken von James Joyce. Hier wurde Heimito mit erheblich mehr künstlerischen Werken und Persönlichkeiten konfrontiert als im eigenen Elternhaus. Bei den Hasterliks lernte er Anton Kuh kennen, und von ihren Gesellschaftskreisen gingen auch die meisten Beziehungen zu Zeitungen aus, in denen Doderer damals zu publizieren begann. Dr. Paul Hasterlik verband nicht nur Intelligenz mit Güte, er war auch überaus großzügig und tolerant. Seinem zukünftigen Schwiegersohn Heimo stand er selbst während dessen Konflikten mit Gusti mit reichlicher Sympathie gegenüber. – Er wurde 1942 in Theresienstadt ermordet.

96 Heimito und Astri.
Seit seine Schwester Helga mit ihrem Mann, Dr. Ernö Hauer, nach Budapest gezogen war, intensivierte sich der Kontakt Heimitos zu Astri wieder: Sie war seine Vertraute in jeder Krise mit Gusti. Zugleich war sie die erste in der Familie, die antisemitische Tendenzen zeigte: Bei jedem Streit mit seiner Freundin wies Astri ihren Bruder darauf hin, daß deren ‚rassische Andersartigkeit' schuld an den Zerwürfnissen sei. Noch kurz zuvor war Heimito, wie aus mehreren Aufzeichnungen hervorgeht, jeder Antisemitismus so fremd gewesen wie seinen Eltern; nun begannen seine Auseinandersetzungen mit Gusti einen Unterton anzunehmen, der manchmal so eindeutig wurde, daß sie ihn – und nicht ganz zu Unrecht – ‚Hakenkreuzler' nannte. Er selbst betrachtete sich damals als unpolitisch.

97 Hans von Stummer.
Mit seinem Schwager verband Doderer eine respektvolle Freundschaft, die bis zu seinem Tod unverändert erhalten blieb. Stummer, wie so viele in der Familie ebenfalls Ingenieur, beschäftigte sich privat sehr ausgiebig mit Geschichtswissenschaften, Philosophie und anderem; er war der Typ, sich zu Hause in seine Neigungen zu vergraben. Doderer fand in ihm nicht nur einen ruhigen und gutartigen Mann, sondern vor allem einen Gesprächspartner, der durch sein vielfältiges Wissen auf jedem Gebiet bereichernd war. Eine ironisch-sympathische Darstellung seines Schwagers – in der Familie der ‚Stallmeister' genannt – findet sich am Ende der *Merowinger,* wo Hans von Stummer als englischer Gentleman namens Aldershot auftritt.

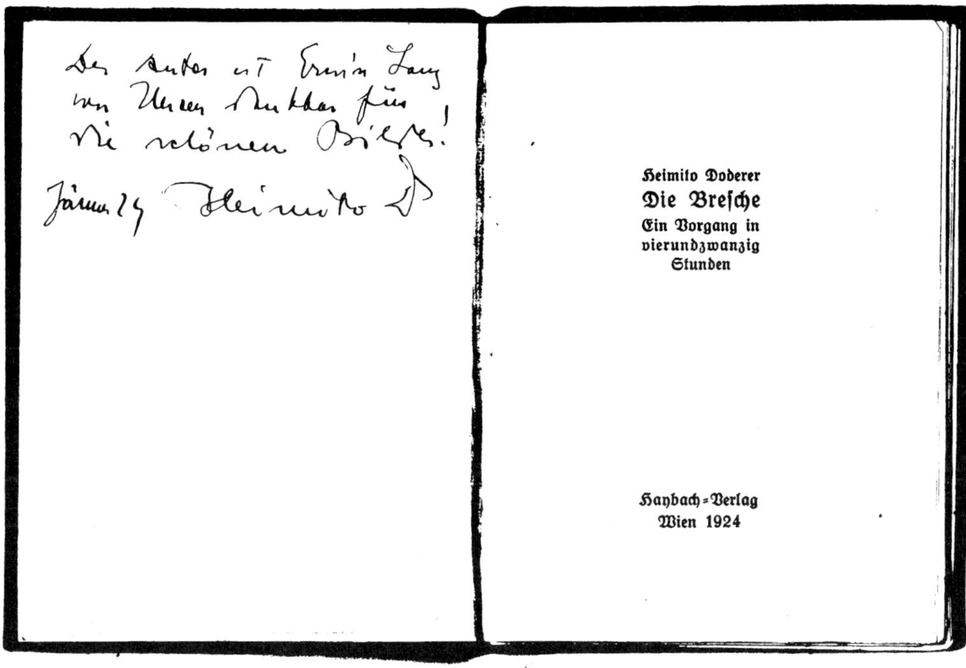

98 Die Bresche.

Doderers erster Roman ist nicht nur, wie es die übliche Kategorisierung will, Güterslohs Buch *Die tanzende Törin* und dem Expressionismus verpflichtet, sondern im Ausloten überspannter Extreme geradezu eine Selbstanalyse des Siebenundzwanzigjährigen. Unter diesem Gesichtspunkt könnte man die beiden Hauptfiguren – Herzka und Slobedeff – als Doderers versuchte Erforschung seines männlichen und weiblichen Elements sehen. Die beiden damit verbundenen Pole Gewalt und Sensibilität beschäftigten ihn sein Lebtag, traten aber in keinem Werk mehr einander so unverhüllt gegenüber.

99 Illustration Erwin Langs aus „Die Bresche".

Langs Zeichnung ist bei weitem nicht so deutlich wie der Text:
„Die Seide schrie, als er sie mitten durchfetzte, bis auf den Gürtel herab, den er jetzt auch schon blitzschnell löste oder abriß. Er warf Magdalena herum, in jedem Griff lag unsinnige Kraft, Härte und Rauheit, er hätte jeden Widerstand gebrochen . . ." [. . .] „Er trat wieder an sie heran, stieß sie in die Mitte des Zimmers, der Anblick ihrer auf den Rücken gefesselten Arme beglückte ihn geradezu!" [. . .] „Als er seinen Leibriemen ablöste, zitterten ihm die Hände wieder heftig. Er schlug, es knallte laut, ihm war alles einerlei."
Das war nicht künstlerische Phantasie, sondern in Doderers Leben immer wieder – am liebsten ‚mittelalterlich' inszenierte – Praxis; allerdings mit Einverständnis der jeweiligen Partnerin, und mit weniger Gewalt. Gusti, die sich immerhin einmal zu diesem Rollenspiel bereitfand, blieb zu intelligent-distanziert; er mußte sich, immer wieder, andere Frauen dafür suchen, bis ihm in seiner zweiten Ehe ebenso wie in seiner letzten Liebe die Verbindung von fixiertem Wunsch und Zuneigung gelang.

100 Richard von Doderer.
Der um 22 Jahre jüngere Bruder des Vaters war ebenfalls Techniker und hatte es im Bergbau in Böhmen zu hohem Ansehen und Vermögen gebracht. Von ihm hatte Heimito den Eindruck, daß er dem Schreiben des Neffen von allen Verwandten am verständnisvollsten gegenüberstand. Schon 1922 hatte Heimito sich mit der Bitte um finanzielle Unterstützung an den Onkel gewandt; jetzt sandte er ihm die *Bresche* und erhielt als Anerkennung zwei Millionen Kronen gesandt, die ihm, wie er bekannte, wichtiger als das Lob Güterslohs waren.

101 Richard Billinger.
Einer der engsten Freunde Doderers in jenen Jahren war Richard Billinger, der ebenfalls bei Haybach publizierte und mit seinen Gedichten und Theaterstücken Mitte der zwanziger Jahre seine ersten Erfolge feierte. Die beiden verbrachten viele Nächte – endlos redend, oft auch in Gegenwart Langs – in Cafés und besuchten einander dann noch zum späten Frühstück, wobei unklar bleibt, ob der homosexuell veranlagte Billinger an Heimito mehr als nur kollegial interessiert war.

102 Paul Elbogen.

Mit Abschluß seines Studiums – im Sommer 1925 – stand Doderer nun seine gesamte Zeit zur Verfügung, um sich als Schriftsteller zu betätigen. Das hieß, aus finanziellen Gründen, neben der Arbeit an den *Divertimenti* zunehmend journalistische Tätigkeit, meist Aufsätze zu den verschiedensten Themen oder Anlässen, seien dies nun Vorträge, Jahrestage oder Ausstellungen. Paul Elbogen, der später in Hollywood landete, und später Richard Goetz (aus dem Bekanntenkreis Robert Musils), der 1938 ebenfalls in die USA emigrierte, waren ihm behilflich, seine Beiträge unterzubringen. In diesem Freundeskreis scheint sich Doderer jedes Antisemitismus enthalten zu haben, gewiß auch aus ehrlicher Sympathie und nicht nur aus opportunistischen Gründen. Mit Paul Elbogen gab es zu diesem Thema noch Anfang der fünfziger Jahre einen interessanten Briefwechsel, in dem sich Doderer ausführlich zu rechtfertigen versuchte.

103 Hans Eggenberger, Selbstporträt.

1925 kam auch der Freund aus Sibirien, Hans Eggenberger, nach Wien. Er hatte ein teilweise abenteuerliches Leben hinter sich, war Anfang der zwanziger Jahre mit Felician Siegl nach Berlin zum Film gegangen und hatte das letzte Jahr vor seiner Rückkehr in Sumatra verbracht. Doch die Freundschaft zwischen den beiden erneuerte sich nicht mehr in der alten Form; Doderer zog sich von ihm zurück, ebenso wie es schon bei Felician geschehen war. Eggenberger ging später als Maler nach Argentinien und kehrte erst dreißig Jahre später nach Wien zurück.

Mittlerer Saal des österr. Ingenieur- u. Architektenvereines
I., Eschenbachgasse 9.

EINLADUNG.

26. März 1926, ½8 Uhr

Heimito Doderer

Aus eigenen Arbeiten

(Nur Unveröffentlichtes)

*

PROGRAMM:

1.) Einleitung: Ueber Lesen und Hören (gesprochen von Karl Motesiczky)

2.) Divertimento Nr. 2.

Sitze zu Schilling 2.50 und 1.50, Stehplätze zu 80 Groschen bei Hugo Heller, I., Bauernmarkt 3 und beim Portier des Ingenieur- und Architektenvereines.

Der Veranstalter: **Karl Motesiczky.**

104 Einladung.

Zu einem der hilfreichsten und besten Freunde Doderers war der junge Karl (von) Motesiczky geworden, ein vielseitig begabter Abkömmling der Bankiersfamilie Todesco, in deren Villa in der Hinterbrühl Heimito und Gusti öfter zu Gast waren. ‚Mote' verkehrte auch in der Familie Hasterlik, wo er bei musikalischen Darbietungen Cello spielte. Vor allem aber arrangierte er mehrere Vortragsabende für seinen Freund, wobei durch sein Geschick auch die Einnahmen Doderers recht beträchtlich waren. Noch mehr aber lag Doderer daran, sich vor seinem Publikum möglichst unvergeßlich in Szene zu setzen, was ihm auch gelang, da er in diesen Jahren nie aus seinen Manuskripten vorlas, sondern die – teils umfangreichen – Werke (vor allem die *Divertimenti*) zur allgemeinen Verblüffung stets auswendig vortrug. – Nach dem ‚Anschluß' Österreichs, als zwischen den Freunden längst keinerlei Beziehung mehr bestand, verhalf Motesiczky mehrfach Juden zur Flucht ins Ausland und wurde dafür im Juni 1943 von den Nazis in Auschwitz hingerichtet.

Vorlesung Heimito Doderer.

Das Format seiner Begabung würde dazu verlocken, bei Heimito Doderer zu verschweigen, daß er ein österreichischer Dichter ist; denn wer so viel und so Schönes zu geben hat, der braucht nicht bei der Heimatliebe anzuklopfen, um sich Gehör zu erwirken. Anderseits aber gibt es doch so wenige Österreicher, von denen man wirklich sprechen soll, daß man auch bei ihm die Stammeszugehörigkeit nicht unterschlagen darf. Heimito Doderer also hat im Vortragssaale der Buchhandlung Lechner aus eigenen Werken gelesen, und zwar zunächst eine größere Novelle „Eine Wiederkehr" voll feiner Seelenschilderung und größtem Gestaltungsvermögen. Die Sicherheit, mit der er das Unwägbare, das Halbbewußte, das Einmalige und doch Typische des Seelenlebens findet und erfaßt, setzt oft geradezu in Erstaunen und dabei beschränkt sich dieses Vermögen nicht etwa auf die Schilderung gleichbleibender seelischer Zustände, sondern leitet auf verhältnismäßig knappem Raum eine Entwicklung über zwanzig Jahre stets innerhalb dieser subtilen und im besten Sinn poetischen Gestaltungsweise. Eine Technik der Erzählung, die sich vielfach musikalischer Grundsätze bedient, das Kunstmittel des Leitmotivs, der Unterstimmen, ja des Kontrapunktes in reichlicher, dabei aber immer dezenter Art, verwendet, vermag Wirkungen und Eindrücke edelster Art zu erzielen. Wie groß das Können ist, worauf sich Doderers Kunst zu stützen vermag, erwiesen im zweiten Teile des Abends die „sieben Variationen über ein Thema von Johann Peter Hebel". Hier ist der musikalische Aufbau schon durch den Titel angegeben. In zwei strengen und fünf freien Variationen wird der Komplex eines seelischen Inhaltes nach verschiedenen dichterischen Dimensionen hin ausgestaltet und gewandelt, je größer die Entfernung vom Grundthema, um so selbständiger formen sich die einzelnen Elemente zu Eigenleben, um so voller rundet sich der künstlerische Körper, der sich als eine Art Konglomerat um seinen geistigen Schwerpunkt bildet. Es zählt zu den erfreulichsten Erscheinungen, die man im Vortragssaale erleben kann, ein so starkes und so reiches Talent so unmittelbar und ehrlich am Werk zu sehen, wie es hier der Fall ist. K.

105 Zeitungsausschnitt: Vorlesung Heimito Doderer.

106 Gusti und Heimito in Baden bei Wien, 1926.
An diesem Foto mag die Eintracht der beiden auffallen; oder auch die großen und ausgetretenen Schuhe Doderers – es mangelte immer wieder an Geld. Dennoch hatten sie, in Perioden der Harmonie, immer wieder schöne Pläne für die Zukunft, etwa eine gemeinsame Wohnung (Heimito wohnte noch immer bei den Eltern in der Stammgasse). In diesem Jahr war auch manchmal von Heirat die Rede, und wenn die Liebe gerade wieder überzeugend war, überlegte Doderer, ob er nicht als Historiker eine Stelle an der Universität bekommen könnte. Doch bei der ersten Disharmonie zog er es vor, auf der Ausschließlichkeit des Dichtens zu bestehen.

107 Helga und Ernö Hauer mit Kind (sitzend), dahinter (von links): der Vater Ernst Hauer, seine Tochter Dora und ihr Mann Dr. Lala von Pap, sowie Minna Hauer, geb. Wigand.

Unterdessen wurde Helgas/Etelkas Schicksal immer dramatischer: Das Familienleben in Ungarn befriedigte sie in keiner Weise. Ihr eigentliches Leben spielte sich teils außerhalb der Familie, teils in ihrer Phantasie ab. Die Kluft zur alltäglichen Umwelt wurde immer tiefer – auch wenn das Foto einen falschen Eindruck fürs Album bewahren will. Die Familie in Ungarn kommt in der *Strudlhofstiege* vor; Lala von Pap sollte schließlich Heimito/René nach Helgas/Etelkas Selbstmord mit seinem Beiwagenmotorrad am Budapester Bahnhof abholen.

108 Urlaubsfoto aus Brioni: Almuth und ihr zweiter Mann, der Rechtsanwalt Toni Wehofer; sitzend: Helga/Etelka und ihr langjähriger Freund Kronholz/Fraunholzer.

Auch der Liebhaber, der Konsul Robert Kronholz, in der *Strudlhofstiege* mit dem Spitznamen ‚Pompeius' bedacht, und das quasi stabil außerhalb der Ehe etablierte Verhältnis waren Helga zunehmend langweilig geworden; seine krächzende Stimme ging ihr nur noch auf die Nerven. Zuletzt verliebte sie sich in einen verheirateten Ungarn, und es kam zum offenen Skandal. Diesen hätte sie vielleicht (psychisch) überstanden, aber nicht die damit einhergehende völlige Zerstörung ihrer Selbstachtung. Ihr Selbstmord mittels Schlaftabletten ereignete sich nicht zu dem Zeitpunkt (September 1925), der in der *Strudlhofstiege* kompositorisch bedingt ist, sondern im Januar 1927.

109 „. . . ich übe brav Arlbergtechnik mit den neuen Brettern, jeden Tag ein bisschen um mich nicht zu überanstrengen" (Gusti an Heimito, 15. 2. 1927).

Eigentlich war Gusti Hasterlik an Sport eher desinteressiert; worauf sie sich wirklich ihr Lebtag lang konzentrierte, war das Klavierspiel. Daß sie sich um ein ‚bisschen' Skifahren bemühte, geschah wohl ihrem ‚Heimchen' zuliebe, der es – sehr im Gegensatz zu seiner Schulzeit – nun liebte, sich durch und durch sportlich zu gebärden. Was ihn dabei anzog, waren eher Disziplin und Selbstüberwindung als das Vergnügen an der Sache. Er umstellte sein – gelegentlich ausuferndes – Leben immer wieder mit strengen Regeln, zu denen auch vorgeschriebene Turnübungen gehörten. Den Boxsport allerdings hatte er schnell wieder aufgegeben: Schon nach der zweiten Runde lag er „sauber erledigt und das Mäulchen voll Blut auf dem Rücken".

110 Doderer auf einem Waldweg in Prein.
Schon als Kind hatte Doderer Selbstinszenierungen geliebt, etwa aufgeschlagene naturwissenschaftliche Bücher sehr auffällig um seinen Arbeitsplatz drapiert etc. Aufmerksamkeit zu erregen und sich raumverdrängend zu verhalten, genoß er bis zu seinem Lebensende. In den zwanziger Jahren war es vor allem das sportliche Auftreten mit Knickerbocker und Kniestrümpfen, womit er in Literatencafés wie etwa dem ‚Herrenhof' auffiel. Damit erwarb er sich allerdings keineswegs nur Sympathien; Anton Kuh meinte, Doderer betrete das Café jedesmal mit einer Pose, als wolle er jemanden niederboxen.

Die Toten von Schattendorf werden zu Grabe getragen

111 Begräbnis der Toten von Schattendorf.
Die Ereignisse von Schattendorf (am 30. Januar wurden bei einer Schießerei zwischen ‚Frontkämpfern' und Angehörigen des Republikanischen Schutzbundes zwei Unbeteiligte getötet) und der Brand des Justizpalasts am 15. Juli prägten das politische Leben von 1927, ebenso wie sie im Zentrum der *Dämonen* stehen. Sie bestimmten jedoch keineswegs Doderers Leben in jenem Jahr. Es gibt keinen Hinweis, daß Doderer auf die Ermordung eines Invaliden und eines Kindes – das in den *Dämonen* als (weitgehend fiktive Figur) ‚Krächzi' eine bedeutsame Rolle spielen sollte – in dem kleinen burgenländischen Ort reagiert hätte; er nahm die Ereignisse von Schattendorf offensichtlich so wenig zur Kenntnis wie alle andere Politik (überdies fanden sie kurz nach dem Tod seiner Schwester Helga statt).

112 Aufmarsch der Arbeiter am 15. Juli 1927.

113 Die Polizei versucht die Demonstration aufzulösen.

114 Brand des Justizpalasts.
Nach dem Freispruch der Mörder von Schattendorf am 14. Juli 1927 kam es am nächsten Tag zu einer weitgehend spontanen Massendemonstration, die auch von der Sozialdemokratischen Partei und vom Schutzbund nicht mehr zu steuern war, besonders, als die Polizei immer brutaler vorzugehen begann und die Demonstranten – empört über eine Reiterattacke – Feuer an den Justizpalast legten. Die Straßenkämpfe – vor allem im Viertel um das Parlament – dauerten den ganzen Tag an und forderten unter den Arbeitern 85 Tote sowie über tausend Leicht- und sechzig Schwerverletzte; auf Seiten der Polizei fielen vier Mann, 120 wurden schwer und rund fünfhundert leicht verletzt.
Doderer war an keinem Schauplatz Zeuge, sondern stellte bloß fest, daß er auf seine Arbeit in der Universitätsbibliothek (vielleicht das Quellenstudium zu einem historischen Feuilleton) verzichten müsse. Drei Tage später ging er mit den Freunden Tibor Gergely und Richard Goetz die ‚Kriegsschauplätze' besichtigen. Er hatte weder für die Arbeiter (und überhaupt für die ‚soziale Frage') noch für den von Polizeipräsident Johann Schober befohlenen Einsatz irgendwelche Sympathien und blieb reichlich unengagiert außerhalb dieser Ereignisse. Seine Darstellung des 15. Juli in den *Dämonen* – rund ein Vierteljahrhundert später – stützte sich auf umfassende Recherchen. Da der ‚totale' Roman auch ein ‚Staatsroman' sein sollte, bemühte er sich um Objektivität und war stolz, als ihm diese dann von links und rechts bestätigt wurde – wobei ihn ein Brief des ehemaligen Schutzbund-Kommandanten Julius Deutsch besonders freute.

Dr. HEIMITO DODERER

erlaubt sich Mitteilung zu machen von der

Änderung seiner Wohnungsadresse.

Dieselbe lautet nunmehr:

Wien, XIX., Döblinger Hauptstraße 39,
II. Stock, Tür 6

Telefon: U 29-8-94 (Mayer)

25. Oktober 1928.

115 Wohnadresse.
Nachdem er acht Jahre in seinem ehemaligen Kinderzimmer gewohnt hatte, nahm der 32jährige Doderer seine erste eigene (Untermiet-)Wohnung und zog in den 19. Bezirk, nach Döbling, das er – nicht nur geographisch – als den Gegenpol seines Heimatbezirks betrachtete. Diese erste Döblinger Adresse war noch keines der späteren ‚Ateliers', wie er hoch gelegene Räume gern nannte. Hier arbeitete er zuerst an dem (vorläufig) letzten der *Divertimenti,* das dann den Rahmen sprengte und zum *Geheimnis des Reichs* wurde.

116 Döblinger Hauptstraße, um 1900.
Doderer wohnte im zweiten Haus links.

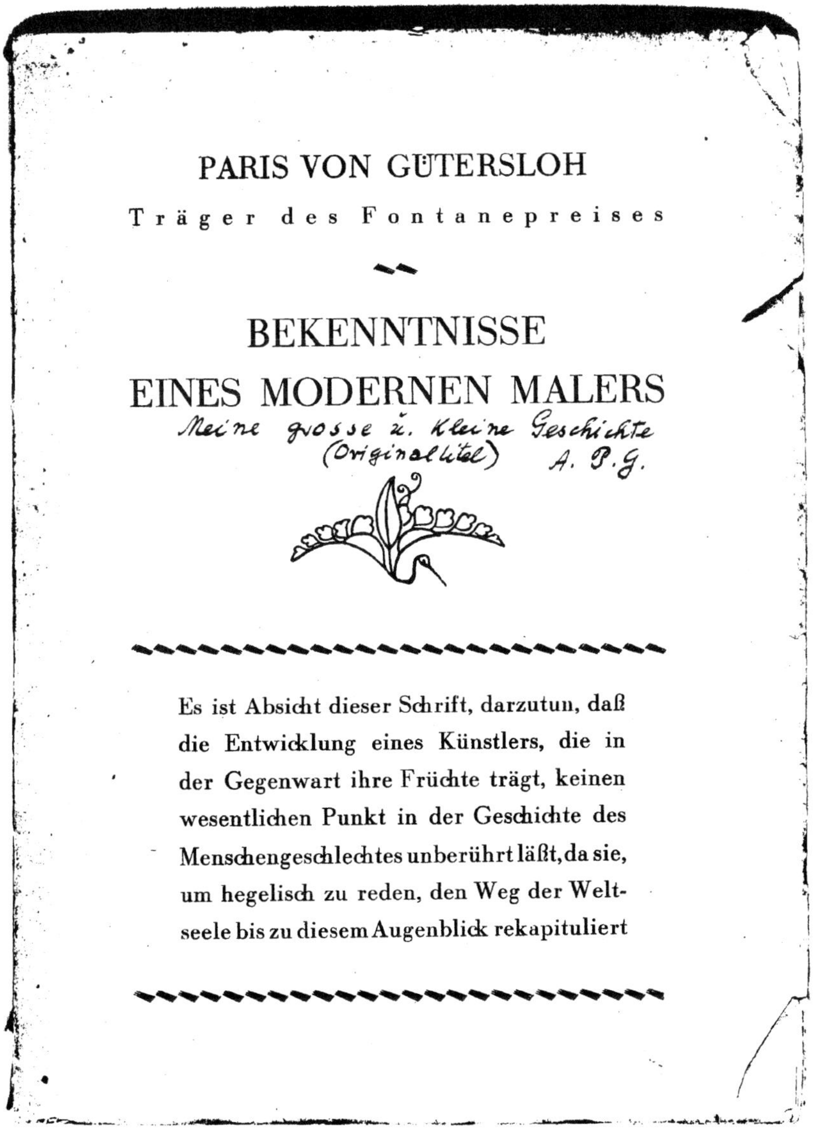
PARIS VON GÜTERSLOH

Träger des Fontanepreises

BEKENNTNISSE EINES MODERNEN MALERS

Meine grosse u. kleine Geschichte (Originaltitel) A. P. G.

Es ist Absicht dieser Schrift, darzutun, daß die Entwicklung eines Künstlers, die in der Gegenwart ihre Früchte trägt, keinen wesentlichen Punkt in der Geschichte des Menschengeschlechtes unberührt läßt, da sie, um hegelisch zu reden, den Weg der Weltseele bis zu diesem Augenblick rekapituliert

117 Albert Paris Gütersloh, „Bekenntnisse eines modernen Malers".

In seiner neuen Wohnung las Doderer im November Güterslohs *Bekenntnisse* (die handschriftliche Beifügung des vom Verleger geänderten Originaltitels stammt von Gütersloh selbst). Doderer hatte Albert Paris Gütersloh – der eigentlich Albert Konrad Kiehtreiber hieß – im Laufe der letzten Jahre mehrfach zu längeren Gesprächen getroffen, doch ihre eigentliche, tiefe Beziehung entstand erst in der Folge dieser Lektüre. Aus der Auseinandersetzung mit Güterslohs theoretischen Überlegungen zu Kunst und Künstler entstand Doderers Buch *Der Fall Gütersloh,* worin er den – nun als verehrten Meister bezeichneten – Schriftsteller und Maler Gütersloh geradezu ideologisch zum Paradigma erhob.

118 Albert Paris Gütersloh.
Dieses Foto Güterslohs aus späterer Zeit war das einzige, das Doderer, der nur wenige persönliche Erinnerungsstücke sammelte, bis zu seinem Tod aufbewahrte.

119 Rolf Haybach.
Der Fall Gütersloh, das Werk eines fast Unbekannten über einen, der seinen wenigen Anhängern als verkannt galt, war – im Jahre 1930 – die letzte verlegerische Tat Rolf Haybachs: Von diesem nicht unaufwendigen Buch mit fast fünfzig Reproduktionen von Gemälden Güterslohs wurden nicht einmal hundert Exemplare verkauft. Weder Doderer noch Gütersloh zogen irgendeinen – und sei es auch immateriellen – Gewinn aus dem Erscheinen des Werks; der Haybach-Verlag jedoch war pleite.

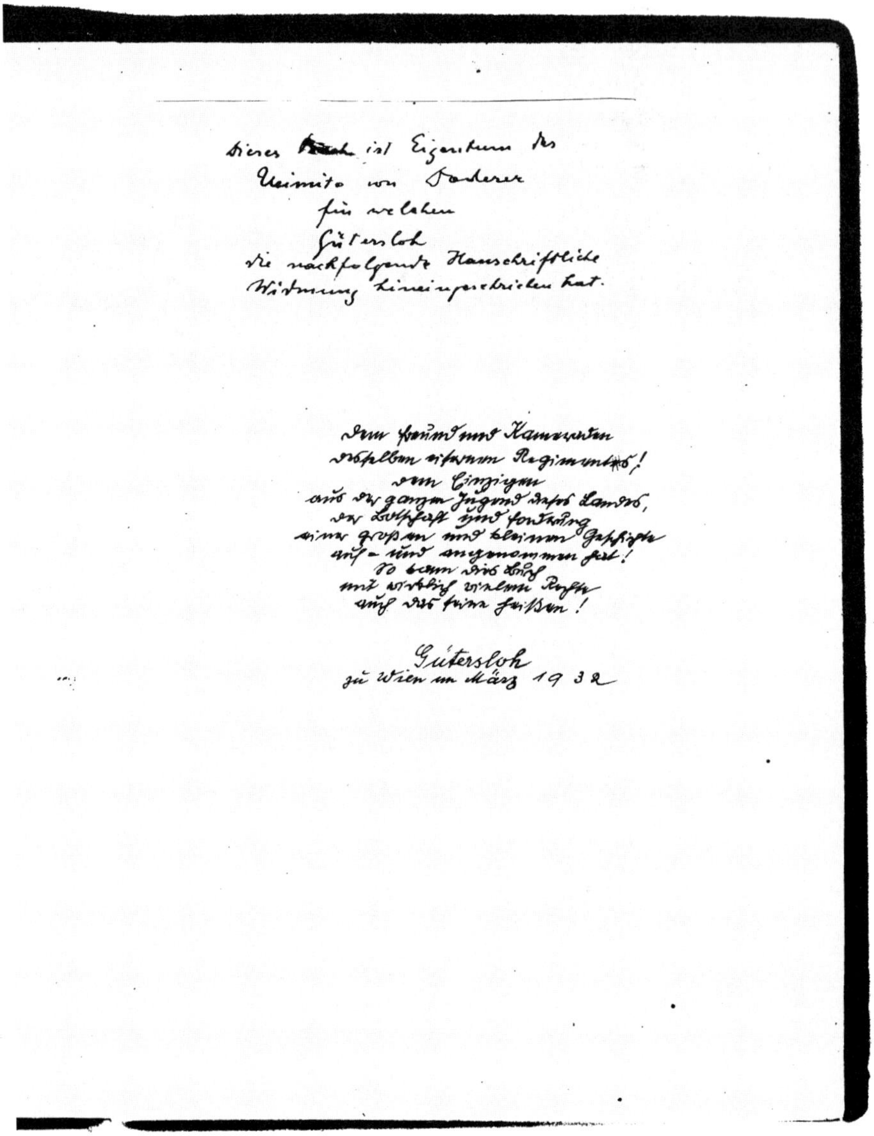
Dieses [illegible] ist Eigentum des
Heimito von Doderer
für welchen
Gütersloh
die nachfolgende handschriftliche
Widmung hineingeschrieben hat.

Dem Freund und Kameraden
desselben eisernen Regiments!
dem Einzigen
aus der ganzen Jugend dieses Landes,
der Botschaft und Forderung
einer großen und kleinen Geschichte
auf- und angenommen hat!
So kann dies Buch
mit wirklich vielem Rechte
auch das seine heißen!

Gütersloh
zu Wien im März 1932

120 Güterslohs Widmung an Doderer im „Fall Gütersloh", März 1932.
Dem Freund und Kameraden
desselben eisernen Regiment[e]s!
dem Einzigen
aus der ganzen Jugend dieses Landes,
der Botschaft und Forderung
einer großen und kleinen Geschichte
auf- und angenommen hat!
So kann dies Buch
mit wirklich vielem Rechte
auch das seine heißen!

121 Der Riegelhof.
Der Umgang mit der Familie und den Verwandten beschränkte sich seit Doderers Umzug nach Döbling mehr und mehr auf den Riegelhof. Er verbrachte jedes Jahr mehrere Monate dort, doch vorzugsweise im Frühling und Herbst, um die vielen Leute in dem nach wie vor gastfreundlichen Haus zu meiden. Sein Dachzimmer blieb ihm – auch als das Haus längst schon seiner Schwester Astri gehörte – bis zum Tod unverändert erhalten; er schrieb dort immer wieder viel und gern.

122, 123 Doderer mit Bogen.
Das Bogenschießen wurde zu einem Sport, den Doderer zum persönlichen Emblem gestaltete. Die Liebe dazu kam aus der Kindheit und von Karl May; doch nun bekam es – abgesehen vom Vergnügen – eine viel umfassendere Bedeutung: Aus seiner Treffsicherheit zog er Rückschlüsse nicht nur auf seine Konzentration, sondern auch auf sein Gesamtbefinden, manchmal fast im Sinn einer mystischen Einheit, die ein wenig an die Kunst des Bogenschießens im Zen erinnerte (worüber er allerdings erst sehr viel später las). Gleichzeitig konnten seine Gänge mit Pfeil und Bogen – wie nahezu alles andere – auch reine Pose bleiben, die ihn von den anderen Anwesenden absetzen und wohl auch interessant machen sollte. Jedenfalls liebte er es, sich bogenschießend fotografieren zu lassen.

124 Die Eltern.
Auch die Eltern verbrachten noch jeden Sommer auf dem Riegelhof. Heimitos Beziehung zum Vater, der die letzten fünfzehn Jahre seines Lebens von Gicht geplagt und durch Arthrose gänzlich bewegungsunfähig war, blieb eher gespannt, da Heimito seiner Meinung nach zu wenig Geld von ihm erhielt und schon jede Bitte darum als Entwürdigung empfand (diese Empfindlichkeit trat allerdings bei anderen möglichen Geldgebern sehr viel weniger auf). Immerhin unterstützte ihn die Mutter mehr oder weniger regelmäßig, da sein eigenes Einkommen – im wesentlichen durch die Feuilletons – kaum gereicht hätte, auch nur eine Wohnung zu mieten.

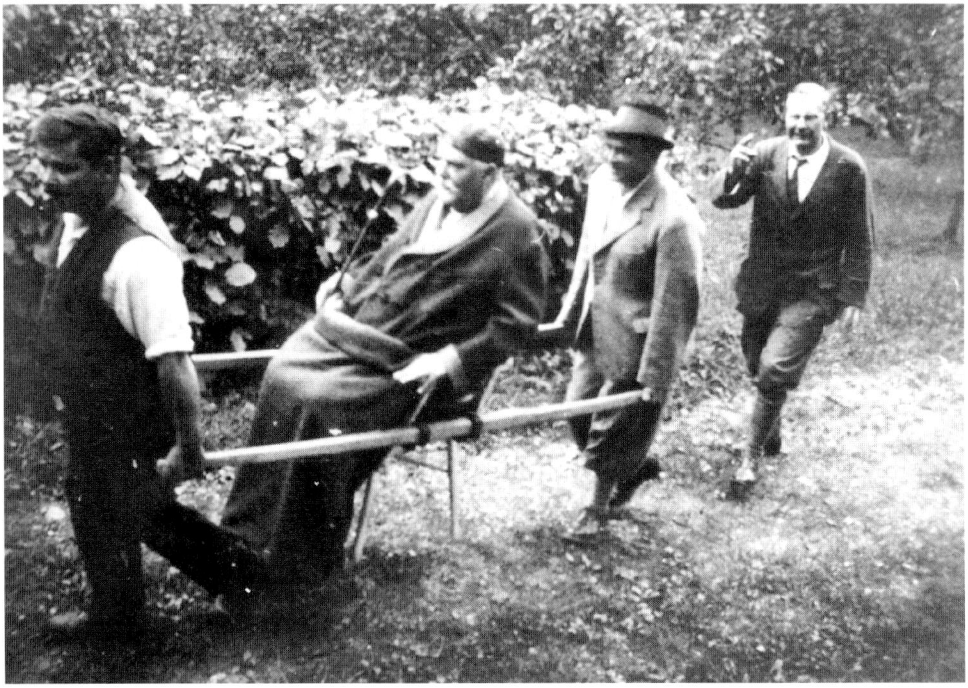

125 Wilhelm von Doderer in der Sänfte.
Der ehemals so energische Mann litt darunter, nun in allem abhängig zu sein: Wenn er auf den Riegelhof kam oder wieder abfuhr, mußte man ihn in einer Sänfte zwischen der Straße und dem Hof hin- und hertragen. Diese Hilflosigkeit verstärkte auch den Eindruck von Verarmung, obwohl es in Wahrheit nicht einmal notwendig wurde, das beträchtliche Vermögen seiner Frau anzutasten.

126 Doderer mit seiner Nichte Dr. Inge Martinek.

Neben den Geschwistern Astri und Almuth hatte Doderer auf dem Riegelhof vor allem mit der jüngeren Generation einen eher entspannten Umgang, da sie nicht mehr die Maßstäbe der Vorfahren an ihn anlegte, sondern ihn als interessanten Onkel betrachtete. Unter den Älteren neigte er zu Schweigsamkeit bis Düsternis, bei den Nichten und Neffen hingegen konnte er auch an Unfug teilnehmen.

127 Heimito von Doderer.

128 Auguste von Doderer.
„Ich mußte wirklich heiraten. Ich wollte keineswegs." So pflegte Doderer seine Ehe mit Gusti im nachhinein darzustellen und begründete dies mit einem Heiratsversprechen aus dem Herbst 1928. Tatsächlich wohnten sie nicht nur getrennt, sondern gingen auch gleich von der Trauung – am 28. Mai 1930, Standesamt Schlesingerplatz – in verschiedene Richtungen davon. Dennoch hofften beide auf eine Versöhnlichkeit, die von diesem offiziellen Akt ausgehen sollte, und verbrachten auch im Spätsommer eine Art Hochzeitsurlaub bei gemeinsamen Freunden in der Tschechoslowakei. Aber die Erbitterung über das viele, das sie einander in den letzten neun Jahren angetan und vorgeworfen hatten – Heimito war ein Meister im vielfach wiederholten Belegen von allem, das ihn je gekränkt hatte, Gusti eher zum Neubeginn bereit –, führte letztlich doch zur Einsicht in die Hoffnungslosigkeit ihrer Verbindung.

129 Doderer am Dachfenster.

130 Döblinger ,Atelier'.
Zu welchen der insgesamt sieben Döblinger Adressen – von 1928 bis 1936 – diese beiden Fotos gehören, läßt sich nicht mehr feststellen. In der Scheibengasse beendete er den *Fall Gütersloh;* schon an der nächsten Adresse – Pfarrwiesengasse – begann die Arbeit am ersten Teil der *Dämonen.* Seine übliche Abkürzung für das Werk – ,DD' – galt schon damals, als der Titel noch ,Dicke Damen' hieß; es handelte sich um den Versuch einer ,Chronique Scandaleuse'.

131 Amateurfoto zu einem Tagebuchzitat Doderers von 1931: „Ich sehe einen Zeppelin wie einen grauen Fisch über der Döblinger Hauptstraße."

132 Saarplatz Nr. 18.
Eine Unterbrechung der *Dämonen* ergab sich 1931 im Atelier am Saarplatz, als aus einer Erzählung unvermutet ein kleiner Roman wurde: *Ein Umweg.* Dieses im barocken Österreich handelnde Buch erschien erst im Zweiten Weltkrieg, 1940 in München.

133 Gräfin Lotte Paumgarten/Quapp.
Einige der Hauptfiguren der *Dämonen* – damals alles andere als ein ‚historischer' Staatsroman – waren Personen seines ständigen Umgangs. Die junge Gräfin Lotte Paumgarten (hier allerdings auf einem Foto von etwa 1940) kannte Doderer seit Mitte der zwanziger Jahre. Sie verehrte in ihm – am ehesten – etwas wie einen spirituellen Meister. Auch er selbst sah sie gern als seine Schülerin in einem Verhältnis, wie es dem seinen (äußerst respektvollen) zu Gütersloh entsprach. Das hieß nächtelanges Reden, aber keinerlei sexuellen Kontakt (sie war, ganz gegen seinen Geschmack, sehr klein und dünn). Damit war Lotte Paumgarten nicht ganz zufrieden, fand aber dann in Béla Faludy einen Ersatz, was wiederum Doderer eifersüchtig und wütend machte. Ihr Violinspiel hing so sehr von ihrer jeweiligen emotionellen Verfassung ab, daß eine dauerhafte Karriere unmöglich war. Doderer überschätzte sowohl ihr Spiel als auch ihre psychische Stabilität; sie mußte später immer längere Zeit in Nervenheilanstalten verbringen.

134 Otto ‚Dodo' Dressel/Rittmeister Eulenfeld.

135 Eulenfeld: Zeichnung von Doderers Schwester Astri.

Klassisch gebildet und völlig versoffen, wie in *Strudlhofstiege* und *Dämonen* beschrieben, verwendete Dressel gelegentlich den Namen seiner Mutter, Uylefeldt. Dressel war tatsächlich Kavallerist – Kommandant einer Schwadron – im Ersten Weltkrieg gewesen. Er kam 1924 nach Wien und arbeitete in einer Vertriebsfirma von Castrol-Ölen, wobei ihm vor allem seine hervorragenden Englischkenntnisse den Posten erhielten, den seine Unverläßlichkeit ständig gefährdete. Doderer lernte er 1928 kennen, und dieser geriet in den Kreis der Autoausflüge, der Wochenenden in Kritzendorf, der Saufereien. Später zog Dressel sogar – mit Doderers Neffen Kurt Mayer – in Heimitos Atelier am Saarplatz ein, aus dem ihn die beiden, bei immer größeren Mißstimmigkeiten, sogar vertrieben. Doderers Bild von ‚Eulenfeld' ist – auch deswegen – nicht frei von Ressentiments; es fehlt Dressels große Güte und Hilfsbereitschaft sowie seine hingebungsvolle Tierliebe, die den alten Säufer oft rührend machte.

136 Dr. Kurt Mayer/Dr. Körger auf Stelzen am Riegelhof.

Auch das Porträt seines Neffen als Dr. Körger in den *Dämonen* ist eher diffamierend als wahrheitsgetreu. Kurt Mayer war in der jüngeren Generation der Doderers einer der gescheitesten und witzigsten und fand sofort größtes Gefallen an Dodo Dressel (über den er im Alter sogar noch einen unpublizierten Roman schrieb). Überhaupt war er begeistert an jedem gröberen Unfug beteiligt, so etwa mit seinem Onkel Heimito auf der Suche nach Dicken Damen, die über Annoncen gesucht und dann von den beiden abwechselnd ‚überprüft' wurden. Als späte Rache für das unfreundliche Porträt in den *Dämonen* publizierte er seine Erzählung übers ‚Hügelhorn' (den Riegelhof), worin er sich über den Onkel und einen Großteil der Familie lustig machte; Doderer ärgerte sich gebührend.

137 Béla Faludy/Imre Gyurkicz.

Faludy, ungarischer Jude mit dem ursprünglichen Namen Friedmann, hatte – als politisch engagierter Halbwüchsiger – nach dem Sturz des Räteregimes von Béla Kun nach Wien fliehen müssen und war hier, bei verschiedenen Zeitungen, Karikaturist geworden; vielleicht stammte die Bekanntschaft zu Doderer (und dann zu Lotte/Quapp) aus einer der Redaktionen. Da er erheblich besser verdiente als Heimito, konnte er in der Obkirchergasse ein großes Atelier mieten und dieses mit Doderer teilen. Dort allerdings zerrieb sich die Freundschaft, teils auch aus politischen Gründen, da der ehemalige Kommunist sich mittlerweile dem Katholizismus und den rechtskonservativen ‚Hahnenschwänzlern' (wie die Anhänger der Heimwehr nach der Feder auf dem Hut genannt wurden) zugewandt hatte, während Doderer dem Beitritt zur NSDAP zusteuerte. Doderers Porträt des Gyurkicz in den *Dämonen* ist eine reichlich böswillige Überzeichnung, wenn er aus dem eher schwermütigen Karikaturisten einen dunklen Doppelagenten machte. Béla Faludy wurde 1944 von der SS ermordet.

138 Karikatur Faludys im Gästebuch des Riegelhofs.

139 Althanplatz, in Richtung Friedensbrücke.
Die Mary K. der *Strudlhofstiege* und der *Dämonen* lebte am Althanplatz Nr. 6. Auch Heimito von Doderer wohnte vom Februar bis Mai 1932 an derselben Adresse, als Untermieter von Marie Kornfeld, vielleicht ‚Mary' genannt. Ihr – verstorbener – Gatte hatte Oskar geheißen, wie im Roman. Dennoch ist die Figur der Mary K. weitgehend fiktiv, ebenso der Straßenbahnunfall.

140 Heimo Doderer. Porträt, 1932.
Von wem dieses Ölbild Doderers stammt, konnte nicht mehr festgestellt werden; es tauchte Anfang der neunziger Jahre bei einer Auktion auf. Die Maße sind 30 x 35 cm.

141 Wilhelm von Doderer; letztes Foto.

142 Todesanzeige Wilhelm von Doderers.
Den Tod seines Vaters hat Heimito von Doderer nirgendwo kommentiert. Ein Freund – Ernst von Scharmitzer – war beim Begräbnis schockiert über die offen zur Schau gestellte Gleichgültigkeit.

†

Frau **Willy Louise von Doderer geb. von Hügel** gibt im eigenen Namen, sowie im Namen ihrer Kinder **Ilse Mayer, Almuth Wehofer, Immo von Doderer, Astri Stummer** und **Heimito von Doderer,** ihrer Enkel, Schwiegertöchter und Schwiegersöhne Nachricht von dem Hinscheiden ihres innigstgeliebten, unvergeßlichen Gatten

Oberbaurat

Wilhelm Ritter von Doderer

Architekt und Bauunternehmer etz.

welcher Dienstag, den 1. November 1932, um 9 Uhr morgens nach langem, schweren Leiden und Empfang der heiligen Sterbesakramente im 79. Lebensjahre selig in dem Herrn entschlafen ist.

Die entseelte Hülle des teuren Verblichenen wird in der Kapelle des Wiener Zentralfriedhofes (Eingang 2. Tor links, Halle I) aufgebahrt, dortselbst am Donnerstag, den 3. d. M., um 16^{10} Uhr feierlich eingesegnet und sodann auf demselben Friedhofe in der Familiengruft nach nochmaliger Einsegnung zur ewigen Ruhe bestattet.

Die heilige Seelenmesse wird Donnerstag, den 17. d. M., um 8 Uhr früh, in der Pfarrkirche zu St. Othmar unter den Weißgärbern, III. Kolonitzplatz zum Seelentroste des Verstorbenen gelesen werden.

Wien, den 1. November 1932.
III., Stammgasse 12.

Gemeinde Wien, städt. Leichenbestattung, III. Karl Borromäusplatz 3, Tel. U 12-3-94. Druck: St. Janeschek, III. Hegergasse 7, Tel. U 11-6-48.

143 Die Mutter.
Willy von Doderer, die ihren Sohn weitgehend hinter dem Rücken des Vaters unterstützt hatte, setzte ihrem Jüngsten nun aus den Zinsen ihrer – völlig unangetastet bei einer Münchner Bank verbliebenen – Mitgift eine monatliche Zahlung von 100 Reichsmark aus. Doderer stellte seine journalistischen Arbeiten immer mehr ein, um sich völlig den *Dämonen* zu widmen.

144 Atelier Obkirchergasse 45.
Ehe Doderer hier Anfang Dezember 1932 gemeinsam mit Béla Faludy einzog, hatte er – nach einem langen Sommer auf dem Riegelhof – noch zwei Monate in der Hardtgasse 34 gewohnt. Im Grunde begann um diese Zeit schon sein Rückzug in die Einsamkeit der (immer disziplinierteren) Arbeit. Später stellte er fest: „. . . mein Verlassen der O.[bkircher] Gasse setzte den letzten Schluss-Punkt hinter die Geschichte des sogenannten ‚Döblinger Montmartre', ein Menschenkreis, der etwa im Jahre 1931 seine wirkliche Existenz und von da an seinen Abstieg hatte. [. . .] Da jene nun meine Saufbrüder waren und ich kein Spielverderber, so überwog allmählich eine qualitätslose Cameraderie ganz und gar . . ."

145 Doderer mit Gaby Murad/Licea im Atelier.

146 Gaby Murad beim Sezieren.

Schlankheit und Intelligenz bei Frauen wirkten auf Doderer absolut antierotisch, machten jedoch im Ausnahmefall (wie schon bei Charlotte/Quapp) eine ganz besondere geistige Beziehung möglich. Die Medizinstudentin Gaby Murad – siebzehn Jahre jünger als Heimito – nahm intensiv an all seinen intellektuellen, künstlerischen und existentiellen Neigungen, Spekulationen und Übertreibungen teil; sie wirkte, durch hingebungsvolles Mitlernen sowie eigene Beiträge (zu denen auch Pfeiltaschen und ähnliches gehörte), so verstärkend auf alles ein, daß sich die beiden, wie Verliebte, durchaus in eine eigene Welt einspannen. Diese Welt reichte ebenso ins Esoterische wie in die Politik und verschmolz die verschiedensten Elemente zu einer Einheit auf einer metaphysischen Basis, die außer den beiden vielleicht nur noch Gütersloh zugänglich war. Daneben war Gaby – sehr im Gegensatz zu ihrem Freund und Lehrer – auch in praktischen Dingen recht energisch: Sie besorgte ihm alle seine nächsten Wohnungen, so daß er nur noch, zur Stunde der Fertigstellung, einzuziehen brauchte.

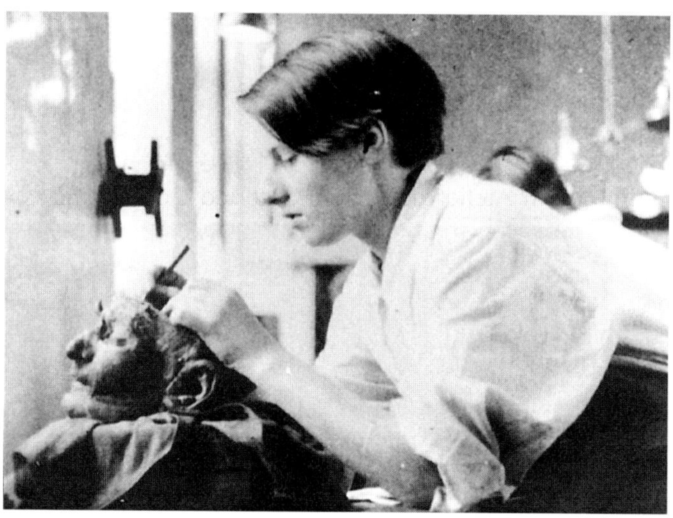

147 Atelier Hartäckerstraße 19.
Das Untermietzimmer im Atelier der Maler Gottfried Goebel und Greta Freist war das erste, das Gaby Murad gefunden hatte. Doderer blieb dort, von Anfang 1935 an, über anderthalb Jahre. Mit Pfeilen und Pfeiltaschen, Bögen und Samowar gab es hier schon, vielleicht durch Gabys Hilfe, die typisch bleibende Zurschaustellung der eigenen Originalität. Im übrigen führte er in seinen ‚Ateliers' – auch hier Zimmer an Zimmer mit den bald befreundeten Malern – keineswegs ein bohemeartiges Leben, sondern setzte sich von einem solchen recht deutlich ab. So mußte ihm Greta Freist, wie es in der Mietzinsvereinbarung festgelegt war, morgens Tee und Eier ans Bett bringen. Zu den Mahlzeiten ging er aus und ließ Freist und Goebel auch nie vermuten, daß seine finanziellen Mittel einmal knapper gewesen waren.

148 Greta Freist mit Gottfried Goebel (links) und dessen jüngerem Bruder.
Die Freundschaft mit dem Paar Freist/Goebel blieb lange erhalten; man traf einander während des Krieges in Paris, nachher sowohl in Wien als auch in Paris. Doderer schätzte beide als Maler, wenn auch das Porträt, das er von Greta Freist im *Mord, den jeder begeht* – als Malerin Rosanka – zeichnet, nicht unbedingt sympathisch berührt. Ein Gemälde von Goebel, das er während des Kriegs in Paris kaufte, holte er merkwürdigerweise nie ab. Wenn Gütersloh bei Doderer auf Besuch war und die beiden Wein tranken, mußten Freist und Goebel das lautstarke Hochlebenlassen des Dritten Reiches durch die Wände mitanhören. Sie emigrierten bereits 1936 nach Frankreich, da sie sowohl den österreichischen wie den deutschen Faschismus ablehnten.

149 Doderer auf dem Balkon der Wohnung von Astri und Hans von Stummer.
Am 1. April 1933 – knapp einen Monat nach der Ausschaltung des Parlaments durch Bundeskanzler Dollfuß – war Doderer der Nationalsozialistischen Partei beigetreten, sein Schwager Hans von Stummer drei Tage später. Am 19. Juni desselben Jahres wurde die Partei verboten. Beide betätigten sich in der sogenannten ‚Illegalität' nicht mehr (Doderer hatte vorher vier Erzählungen in der Wochenendbeilage der ‚Deutsch-Österreichischen Tageszeitung' publiziert), doch gegen Stummer konnten die Behörden leichter vorgehen: Er wurde durch eine Hausdurchsuchung, Astri zusätzlich durch eine polizeiliche Vernehmung eingeschüchtert, man drohte mit dem Verlust der Staatspension, sollte er nicht – 1935 – der ‚Vaterländischen Front' beitreten. Das trug mit dazu bei, daß Doderer in den deutschen Verhältnissen eine Rettung vor der Diktatur österreichischer Machart sah: „Was hab ich in Wien? Kaum eine Redaktion, kaum einen Verleger mehr. Fast alles jüdisch und daher jetzt zergehend wie Eis in der Hand."

3. TEIL: 1936–1951

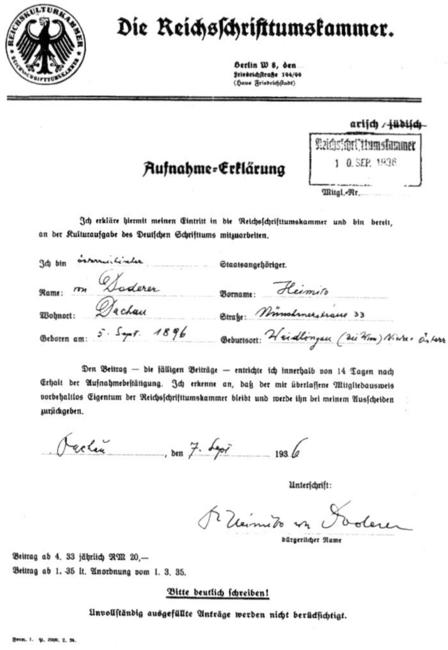

Die Reichsschrifttumskammer.

Berlin W 8, den
Friedrichstraße 194/99
(Haus Friedrichstadt)

arisch / ~~jüdisch~~

Reichsschrifttumskammer 10. SEP. 1936

Aufnahme-Erklärung

Mitgl.-Nr.

Ich erkläre hiermit meinen Eintritt in die Reichsschrifttumskammer und bin bereit, an der Kulturaufgabe des Deutschen Schrifttums mitzuarbeiten.

Ich bin österreichischer Staatsangehöriger.

Name: von Doderer Vorname: Heimito

Wohnort: Dachau Straße: Münchenerstrasse 33

Geboren am: 5. Sept. 1896 Geburtsort: Weidlingau (bei Wien) Nieder-Österr.

Den Beitrag – die fälligen Beiträge – entrichte ich innerhalb von 14 Tagen nach Erhalt der Aufnahmebestätigung. Ich erkenne an, daß der mir überlassene Mitgliedausweis vorbehaltlos Eigentum der Reichsschrifttumskammer bleibt und werde ihn bei meinem Ausscheiden zurückgeben.

Dachau, den 7. Sept. 1936

Unterschrift:

Fr. Heimito von Doderer

bürgerlicher Name

Beitrag ab 4. 33 jährlich RM 20,–
Beitrag ab 1. 35 lt. Anordnung vom 1. 3. 35.

Bitte deutlich schreiben!

Unvollständig ausgefüllte Anträge werden nicht berücksichtigt.

Form. 1. P. 2000. 2. 36.

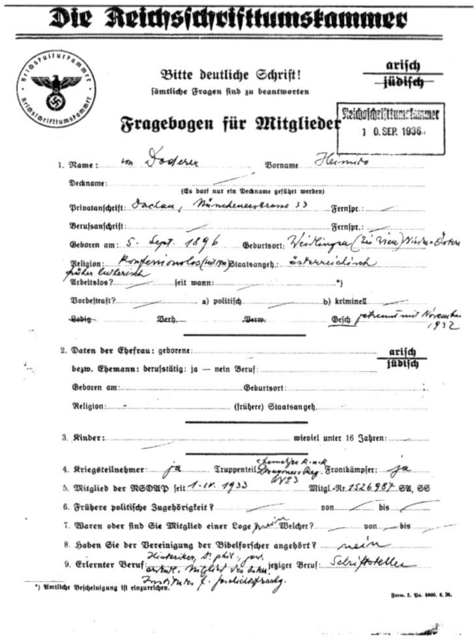

Die Reichsschrifttumskammer

Bitte deutliche Schrift!
sämtliche Fragen sind zu beantworten

arisch
~~jüdisch~~

Reichsschrifttumskammer 10. SEP. 1936

Fragebogen für Mitglieder

1. Name: von Doderer Vorname Heimito
Deckname: –
(Es darf nur ein Deckname geführt werden)
Privatanschrift: Dachau, Münchenerstrasse 33 Fernspr.: –
Berufsanschrift: – Fernspr.: –
Geboren am: 5. Sept. 1896 Geburtsort: Weidlingau (bei Wien) Nieder-Österr.
Religion: konfessionslos früher lutherisch Staatsangeh.: österreichisch
Arbeitslos? – seit wann: – *)
Vorbestraft? – a) politisch – b) kriminell –
~~Ledig~~ Verh. ~~Verw.~~ Gesch. getrennt mit November 1932

2. Daten der Ehefrau: geborene: arisch / jüdisch
bezw. Ehemann: berufstätig: ja – nein Beruf:
Geboren am: Geburtsort:
Religion: – (frühere) Staatsangeh.

3. Kinder: – wieviel unter 16 Jahren: –

4. Kriegsteilnehmer: ja Truppenteil: Dragoner-Reg. No 3 Frontkämpfer: ja
5. Mitglied der NSDAP seit 1. IV. 1933 Mitgl.-Nr. 1526987 SA, SS
6. Frühere politische Zugehörigkeit? – von – bis –
7. Waren oder sind Sie Mitglied einer Loge nein Welcher? – von – bis –
8. Haben Sie der Vereinigung der Bibelforscher angehört? nein
9. Erlernter Beruf: Historiker, Dr. phil. jetziger Beruf: Schriftsteller

*) Amtliche Bescheinigung ist einzureichen.

Form. 2. Po. 5000. 6. 36.

150 Fragebogen und Aufnahmeerklärung in die Reichsschrifttumskammer.

Gaby Murad hatte Doderer in München ein ‚Atelier' gesucht und es ausgerechnet in dem als Künstlervorort geltenden Dachau gefunden. Am 1. August 1936 übersiedelte er dorthin; sie blieb bis Dezember bei ihm. Hier wollte er, zuerst und vor allem, der Reichsschrifttumskammer beitreten und dann einen Verleger finden. Doderers Selbstbezogenheit und Opportunismus waren deutlich genug: Nicht er hatte für die Nazis irgend etwas zu leisten (er schrieb keine einzige Seite, die als propagandistisch im nationalsozialistischen Sinn gelten könnte), sondern sie hatten ihn zu fördern – wohl aus Dank dafür, daß er mit ihrem ‚neuen Zeitalter' einverstanden war. Zu diesem Zweck biederte er sich allerdings sehr eindeutig an. Für sein Ansuchen um die Aufnahme in die Reichsschrifttumskammer grübelte er nächtelang mit Gaby über einen passenden Titel für sein in Arbeit befindliches Hauptwerk; schließlich nannten sie es *Die Dämonen der Ostmark:* „. . . es ist das erste Mal, dass die jüdische Welt im Osten deutschen Lebensraumes von einem rein deutschen Autor in den Versuchsbereich der Gestaltung gezogen wurde. Denn die bisher darüber schrieben (Schnitzler, Wassermann etc. etc.) waren selbst Juden und ihre Hervorbringungen können wohl seit langem schon nicht mehr ernsthaft gelesen werden." Er wurde Mitglied, was die notwendige Voraussetzung für jede Publikation im Dritten Reich war, und das blieb ihm – neben aller privaten und teilweise auf Mißverständnissen beruhenden Sympathie für die Nazis – bei weitem das Wichtigste, sogar noch, als er sich innerlich längst von ihnen abgewandt hatte.

Bemerkungen: 1.) Ich war Mitarbeiter der „Deutschösterr. Tageszeitung („Dötz") von Frühjahr 1933 bis zur Einstellung dieses Hauptblattes der N.S.D.A.P. in Österr. durch die österr. Bundesregierung, Juli 1933. Hierüber Auskünfte beim ehem. Hauptschriftleiter des genannten Blattes Dr. Gerhard Aichinger (siehe oben!)

2.) Bibliograph. Nachweis aller meiner Bücher bei der „Deutschen Bücherei", Leipzig, C 1, Deutscher Platz

Ich erkläre, die vorstehenden Angaben nach bestem Wissen und Gewissen gemacht zu haben.
(falsche Angaben ziehen u. a. den sofortigen Ausschluß nach sich)

Dachau, den 7. Sept 1936

Unterschrift Heimito von Doderer
(bürgerlicher Name)

*) a) bezügl. pol. Einstellung
b) bezügl. schriftst. Tätigk.

Der Präsident der
Reichsschrifttumskammer
I - 10450.

Berlin W 8, den 23. Dezember 1936.
Friedrichstr. 194/199
(Haus Friedrichstadt)
Fernruf: A 1 Jäger 5043/44.

Herrn
Dr. Heimito von D o d e r e r
(Deckname: --)
D a c h a u
Münchenerstrasse 33.

Ich habe Sie mit Wirkung vom 1. Oktober 1936 als Einzelmitglied unter Mitgliedsnummer 13801 in die Reichsschrifttumskammer aufgenommen.

Auf Grund der eingereichten Beitragserklärung habe ich Sie in Gruppe I eingestuft. Die Veranlagung stützt sich insbesondere auf Ziffer -- des Merkblattes der Reichsschrifttumskammer für Schriftsteller.

Als Mitglied der Reichsschrifttumskammer sind Sie verpflichtet, Ihrer Beitragsleistung **ohne besondere Aufforderung** bis zum zehnten Tage nach Beginn eines jeden Vierteljahres nachzukommen.

Den fälligen Beitrag

für .... RM (siehe Merkblatt Ziffer 6)
.... RM (siehe Merkblatt Ziffer 6)
IV. Vierteljahr 1936 1.25 RM
zusammen: 1.25 RM
abzüglich Zahlung: -.-- RM
von: 1.25 RM

wollen Sie unverzüglich auf das Postscheckkonto: Berlin Nr. 40032 der Reichsschrifttumskammer (Beitragskonto) überweisen.

Bei jeder Zahlung ist die Angabe der Mitgliedsnummer unbedingt erforderlich.

Im Auftrage:

Anlage: 1 Zahlkarte
9 Urk. zurück.

Form. 5. Po. 1000. 8. 36

151 Die Mutter auf Besuch in München.
Ein anderer Grund für Heimitos Übersiedlung nach Deutschland war, daß Zahlungen aus deutschen Vermögen nach Österreich nicht mehr möglich gewesen waren – einer der Versuche Hitlers, den kleinen Nachbarn zu erpressen. Um weiterhin die monatlichen 100 Reichsmark seiner Mutter zu erhalten, mußte Heimito sie also in Deutschland beheben; ein guter Grund, seine Scheu vor Übersiedlungen und ähnlichen größeren Unternehmungen in diesem Fall zu überwinden. Die Mutter besuchte ihn auch gern in ihrer ehemaligen Heimatstadt, teilte aber seine politischen Vorlieben nicht: Sie hatte ein für allemal entschieden, daß sie einer Partei, die ihre Dienstboten wählten, nicht ihre Stimme geben könne.

152 Im Dachauer Atelier.

HEIMITO VON DODERER

Ein Mord, den jeder begeht

Roman

446 Seiten. Geheftet RM 4.80, in Leinen RM 6.50

„Nichts weniger als ein Kriminalroman, sondern ein äußerst fein und scharfsinnig durchgeführtes Seelengemälde."

Dresdener Neueste Nachrichten

„Man ist betroffen, wenn man diesen ersten Roman des jungen Österreichers aus der Hand legt, durch die Unbeirrbarkeit des Schicksals, das sich folgerichtig weiterschreitend an einem jungen Menschen erfüllen muß. Psychologisch ist der Roman außerordentlich sicher aufgebaut. Ein feiner besinnlicher Humor und eine sorgsame Behandlung der Details sind wohlüberlegte Stilmittel, den Lauf der Handlung noch überzeugender abzurollen."

Thüringer Allg. Zeitung, Erfurt

153 Der Verleger Dr. Heinrich Beck.

154 Das Verlagshaus C. H. Beck.

Von Dachau aus fand Doderer endlich, mit der Hilfe Haybachs sowie eines tscherkessischen Malers, den Verleger, der ihm länger erhalten bleiben sollte und wichtiger wurde als die Schrifttumskammer des ‚Tausendjährigen Reiches': C. H. Beck. *Ein Umweg,* für das er in Wien vergeblich einen Verlag gesucht hatte, fand Aufmerksamkeit, die *Dämonen* (1. Teil) überzeugten, und als Doderer *Ein Mord den jeder begeht* als Projekt vortrug, wollte man mit diesem Buch beginnen; Doderer erzählte später gern, er habe den Roman „ab Kopf verkauft". Das bedeutete nun wieder Disziplin im Atelier: Er beendete das Buch in etwas mehr als einem Jahr. Es wurde im Mai 1938 fertig.

155 Verlagsanzeige für „Ein Mord den jeder begeht".

156 Emma Maria Thoma.
Bei einem Zirkusbesuch in Dachau machte Doderer – zwei Tage vor der Vertragsunterzeichnung bei Beck im Oktober 1937 – eine Bekanntschaft, die ebenso wie der neugefundene Verlag für sein künftiges Leben bedeutsam werden sollte. Die gleichaltrige Emma Maria Thoma – entfernt mit dem Schriftsteller Ludwig Thoma verwandt – war eine tüchtige, in Buchhaltung und Geschäftsführung bewanderte Frau, realistisch, belesen, doch nicht vielerfahren, eher durch die Erziehung in der Klosterschule geprägt. Bei ihr fand Doderer Gutartigkeit und Verläßlichkeit (die in Krisen auch bis zu seiner finanziellen Absicherung durch die Geliebte und spätere Ehefrau reichte). Ihre schamhafte Verlegenheit (sie errötete sehr leicht) erschien ihm als reizvolle Unschuld – und seine Überlegenheit als Aristokrat, Schriftsteller und Mann von Welt wurde hier nie in Frage gestellt.

157 Atelier Buchfeldgasse 6, Wien VIII.
Wenige Monate nach dem ‚Anschluß' Österreichs Mitte März 1938 – es „schien mir mit diesem Geschehen die Flut des Positiven in der Welt wieder zu steigen", schrieb Heimito an Freund Haybach, der nun unter den Nazis kommissarischer Leiter der Österreichischen Kunststelle wurde – kehrte Doderer trotz der Erfolge und Bindungen in Bayern nach Wien zurück. Wieder war es Gaby/Licea, die das Atelier fand, in das er dann Anfang August einzog. Er teilte es mit Gütersloh, der bis 1947 in derselben Wohnung mit ihm blieb. Doderer wohnte bis 1956 in der Buchfeldgasse, mußte später allerdings ein Stockwerk tiefer ziehen (zu Mame Gold, der ‚Spitzmaus' der *Posaunen von Jericho,* seines letzten Divertimentos).

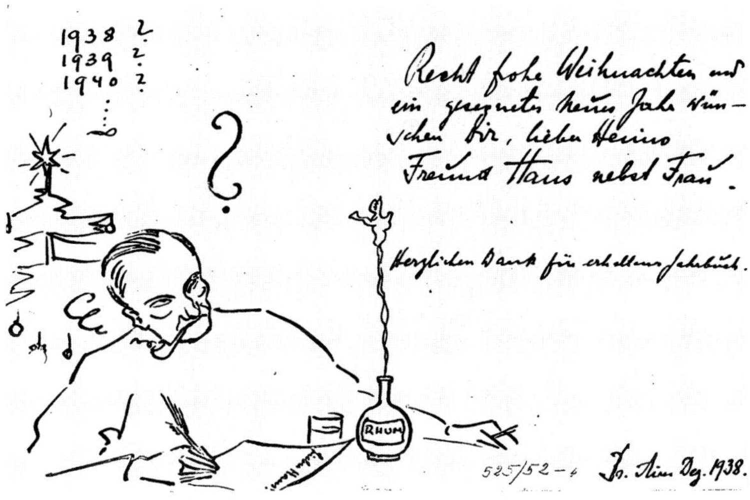

158 Weihnachtsnachricht von Hans Eggenberger aus Buenos Aires.
Die etwas spärliche Korrespondenz mit dem alten Freund aus Sibirien bezog sich hauptsächlich auf Astrologie, die Eggenberger nun – neben der Malerei – fast professionell betrieb. Auch Doderer glaubte fest daran und ließ sich von Eggenberger ein ausführliches Horoskop stellen.

159 Dr. Edmund Schüller.
Schüller, ein Freund und Verehrer Gabys, Mediziner wie sie selbst, wurde zum verläßlichsten Kumpan Doderers bei Sauferei und Unfug, und das rund zwei Jahrzehnte lang, bis der Arzt eine Berufung an die Universität von Buffalo erhielt. Er nahm auch begeistert mit Heimito am Ausspionieren der *Erleuchteten Fenster* teil, wobei das Fernglas zur versteckten Beobachtung nackter Damen von Gabys Vorfahren stammte. Die Hauptfigur des danach entstandenen Buches, Amtsrat Julius Zihal, war nicht bloß fiktiv, sondern eine Schöpfung Güterslohs, die dieser Doderer auf dessen Bitte hin abgetreten hatte.

160 Dr. Ferdinand von Steinhart.
Zwischen dem siegreichen Konkurrenten Edmund Schüllers um die Gunst Gaby Murads und Heimito entstand eine Freundschaft voll gegenseitigen Respekts, die sich vielleicht am besten in ihrer Korrespondenz ausdrückte. Steinhart schrieb viele und erstaunlich lange Briefe; zum Thema wurden – im Krieg und danach – vor allem theologische Themen, welche Doderer immer mehr in seine These von der ‚Zweiten Wirklichkeit' einbezog.

161 Ferdinand und Gaby Steinhart.
Zum Entstehen dieser Ehe – im Herbst 1939 – hatte Doderer viel und völlig selbstlos beigetragen. Er und Gütersloh waren die Trauzeugen, Doderer wurde auch zum Taufpaten der zweiten Tochter. Die Freundschaft erhielt sich bis zu Doderers Tod.

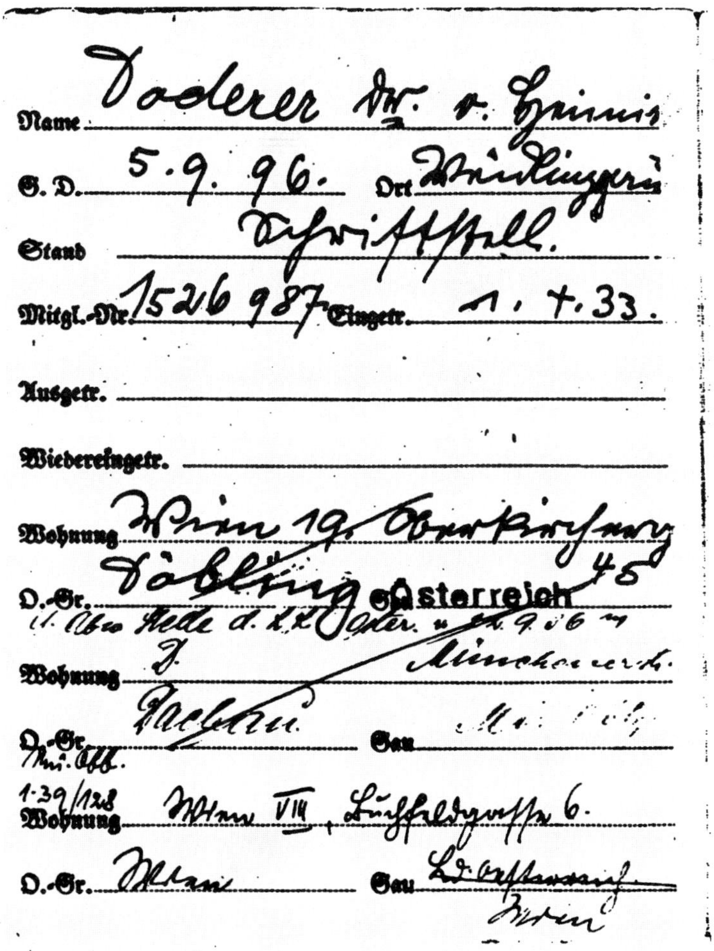
Name Doderer Dr. v. Heimito

G.D. 5.9.96. Ort

Stand Schriftsteller.

Mitgl.-Nr. 1526987 Eingetr. 1.4.33.

Ausgetr.

Wiedereingetr.

Wohnung Wien 19.

O.-Gr. Döbling Österreich

Wohnung

O.-Gr. Gau

1·39/128 Wohnung Wien VIII,

O.-Gr. Wien Gau

162 Bestätigung.

Eine der Versionen Doderers nach dem Krieg lautete, er sei Mitglied der NSDAP nur jene sechs Wochen zwischen seinem Beitritt und deren Verbot in Österreich im Juni 1933 gewesen; andere Geschichten besagten, er habe die Mitgliedschaft ‚ruhen lassen' (was bei der Ortsgruppe automatisch für jeden eintrat, der an die Front ging), sei ausgetreten etc. Tatsächlich ließ er sich von Emma Maria (ihre Verwandtschaft nannte sie nur beim ersten, er nur beim zweiten Namen) Anfang 1939 die Unterlagen der Ortsgruppe Dachau schicken, um seinen Mitgliedsbeitrag nun wieder in Wien zu zahlen; schon der Reichsschrifttumskammer wegen kam das für ihn gar nicht anders in Frage.

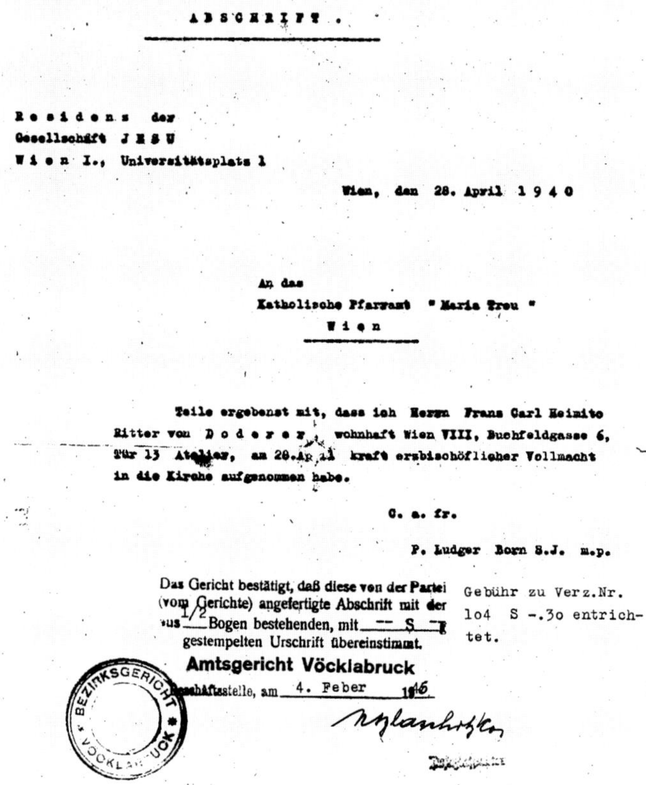

ABSCHRIFT.

Residens der
Gesellschaft JESU
Wien I., Universitätsplatz 1

Wien, den 28. April 1940

An das
Katholische Pfarramt "Maria Treu"
Wien

Teile ergebenst mit, dass ich Herrn Franz Carl Heimito Ritter von Doderer, wohnhaft Wien VIII, Buchfeldgasse 6, Tür 13 Atelier, am 28.Apr.41 kraft erzbischöflicher Vollmacht in die Kirche aufgenommen habe.

C. a. fr.

P. Ludger Born S.J. m.p.

Das Gericht bestätigt, daß diese von der Partei (vom Gerichte) angefertigte Abschrift mit der aus 1/2 Bogen bestehenden, mit -- S -- gestempelten Urschrift übereinstimmt.
Amtsgericht Vöcklabruck
Geschäftsstelle, am 4. Feber 1946

Gebühr zu Verz.Nr. 1o4 S -.3o entrichtet.

BEZIRKSGERICHT VÖCKLABRUCK

163 Taufbescheinigung.

Obwohl Doderer noch immer gegen die Mitgliedstaaten des Völkerbundes – also gegen die Demokratien, die Hitlers Diktatur bekämpften – eingestellt war, hatte ihn die Wirklichkeit des Naziregimes so ernüchtert, daß er in den Jahren 1939/40 innerlich immer größeren Abstand vom Nationalsozialismus nahm. Als deutlichen Ausdruck davon (was von anderen allerdings nicht so eindeutig gesehen wurde) betrachtete er seine Hinwendung zum Katholizismus (er war protestantisch getauft worden und vor seiner Hochzeit mit Gusti ausgetreten). Zu seiner Konversion – ebenso wie zu jener des Ehepaares Steinhart – hatte jedoch Gütersloh am meisten beigetragen. Der Jesuit Ludger Born, der ihn taufte, leitete im Erzbischöflichen Palais die Hilfsstelle für katholische ‚Nichtarier' und verhalf vielen getauften Juden zur Ausreise. In der Bekanntschaft mit ihm, der ihn einige Monate vor der Taufe religiös unterwiesen hatte, sowie seinem Vorgänger, Pater Bichlmaier (der 1939 von der Gestapo verhaftet wurde), kann man Doderers ersten Ansatz zu einer Ablehnung des Nationalsozialismus sehen.

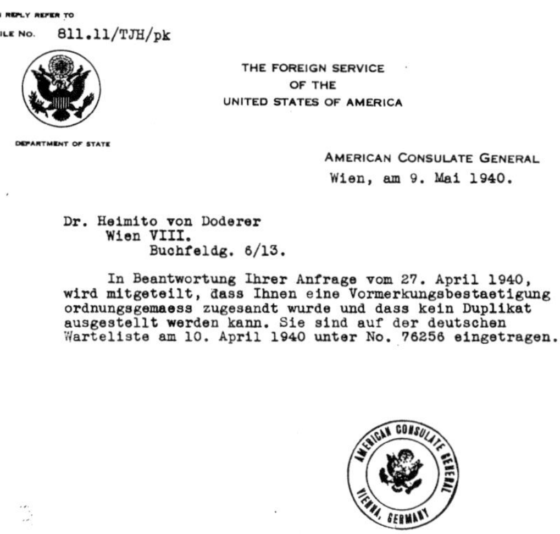

IN REPLY REFER TO
FILE NO. 811.11/TJH/pk

THE FOREIGN SERVICE
OF THE
UNITED STATES OF AMERICA

DEPARTMENT OF STATE

AMERICAN CONSULATE GENERAL
Wien, am 9. Mai 1940.

Dr. Heimito von Doderer
Wien VIII.
Buchfeldg. 6/13.

In Beantwortung Ihrer Anfrage vom 27. April 1940, wird mitgeteilt, dass Ihnen eine Vormerkungsbestaetigung ordnungsgemaess zugesandt wurde und dass kein Duplikat ausgestellt werden kann. Sie sind auf der deutschen Warteliste am 10. April 1940 unter No. 76256 eingetragen.

AMERICAN CONSULATE GENERAL VIENNA, GERMANY

164 Bestätigung eines Immigrationsantrages in die USA.
Als etwas weniger überzeugender Versuch, sich von den Nazis zu absentieren, ist Doderers Ansuchen um eine Einreisegenehmigung in die USA zu betrachten. Es war, in seiner Lage, von vornherein aussichtslos, doch wies er nach dem Krieg mehrfach darauf hin, da er sonst kaum über ‚Beweisstücke' für seine Abkehr von den Nazis verfügte.

165 Doderer als Offizier der Luftwaffe.
Nur zwei Tage nach seiner Taufe mußte Doderer, am 30. April 1940, als Leutnant zur deutschen Luftwaffe einrücken. Zuerst erfolgte eine achtwöchige Ausbildung in Kamenz, Sachsen, mit täglich mindestens zwölfstündigem Dienst, davon rund fünf Stunden Exerzieren; anschließend mußte er in Breslau Dienst tun. Doderer ordnete sich absolut diszipliniert unter; korrekte, jedoch unauffällige Pflichterfüllung war offensichtlich sein Rezept, um über die Zeit bei der Wehrmacht hinwegzukommen. „Das Soldatenleben bin ich nun so ziemlich und halbwegs wieder gewohnt; körperlich war für mich alles leicht . . ." Wichtiger war ihm, daß C. H. Beck für Herbst die Herausgabe von *Ein Umweg* vorbereitete.

166 In einem Terrassencafé am Meer.
Von Ende August 1940 bis April 1942 war Doderer in Frankreich eingesetzt, zuerst in der Normandie. Die Aufnahme könnte von dort stammen (Herbst 1940), aber auch aus Biarritz, wo er sich im folgenden Jahr mehrfach aufhielt. Die Deutschen versuchten, bis Sommer 1941 den großen Angriff auf England vorzubereiten. Doderer, als Offizier des Bodendienstes der Luftwaffe, wirkte neben reiner Verwaltungsarbeit am nächtlichen Bau von Flugplätzen mit, die untertags getarnt wurden, und fühlte sich, Lastwagen kommandierend, an den Beruf seines Vaters erinnert. Zudem wurden, um die Absichten der Deutschen gegenüber den Engländern zu verschleiern, die Truppen ununterbrochen verlegt; er war, zu seinem höchsten Mißvergnügen, fast ständig unterwegs.

167 Dr. Albrecht Reif in einem Porträt von Albert Paris Gütersloh, 1940.
Der ehemalige ‚Hofmeister' und Freund Albrecht Reif war ein bekannter Strafverteidiger geworden, doch führte er auch einen großen Salon für künstlerische Abendgesellschaften (wie dies in Doderers später Erzählung *Unter schwarzen Sternen* beschrieben ist). Dort wurden im Herbst 1940 Gedichte Güterslohs sowie ein Gedicht Doderers, alle von Albrecht Reif vertont, vorgetragen; Doderer erhielt in Frankreich von den Freunden Mitteilung darüber.

168 Doderer (vierter von rechts) vor einem Schloß.
Zweimal in diesem Herbst 1940 wurde Doderer in einem Schloß einquartiert. Die in der Kindheit erlernte französische Sprache sowie seine Umgangsformen ermöglichten es ihm, mit den Franzosen seiner Umgebung Beziehungen wechselseitigen Respekts aufzubauen; er scheint sich in Frankreich durchaus wohl gefühlt zu haben.

169, 170 Doderer in seinem Zimmer in Mont de Marsan.
„Ich wohne in einem kleinen Häuschen ganz im Grünen, in einem Park, ich hab' auch Ruh und Zeit für mich", schrieb er im Sommer 1941 an seine Mutter. Vorher hatte er schreckliche Monate in Cognac verbracht, wo ihn vor allem ein Arbeitszimmer mit Eingängen von drei verschiedenen Seiten halb verrückt machte. In Mont de Marsan blieb er bis über den Winter. Hier vor allem begann jene ‚Abzweigung' aus den – mit der Umwelt der *Dämonen* beschäftigten – Tagebüchern, woraus schließlich *Die Strudlhofstiege* werden sollte.

171 Doderer am Zug.
Daß man beim Heer ständig wie ein Paket herumgeschickt werde, beklagte Doderer häufig. Der schlimmste Wechsel betraf ihn im April 1942, als er – statt nach Mont de Marsan zurückkehren zu können – von Bordeaux nach Rußland verlegt wurde. „Der Abschied von la douce France ist mir nicht eben leicht gefallen, notabene bei solchem üblen Tausch und sozusagen unerwünschtem Wiedersehen!"

172 Doderer (dritter von links) in Rußland.

„Ich bin nicht mehr primitiv genug für den Krieg; mit 19 Jahren war ich's."
Doderer – mittlerweile längst Hauptmann – kam in die Gegend nördlich von Kursk und war damit, ab dem Erreichen der Bahnstrecke Kiew–Moskau, wieder dort, wo er im vorigen Krieg schon einmal gewesen war. Doch diesmal wollte er nicht siegen, sondern sich um seine Leute so kümmern, daß sie möglichst heil davonkämen. „Lärm, Mühsal und Beschwernis dieses Krieges hier sind unvorstellbar, eine brodelnde, knurrende Hölle, hinter der unaussprechliches und namenloses Elend seine Spur schleift."

173 Im Camp.
Bei der Ausbildung und Übung – den ganzen Juli über im ‚Camp' – brachte er seiner Truppe vor allem bei, wie sie sich an der Front vor Kampfhandlungen schützen konnte; außerdem sorgte er beim Bau der Quartiere für ihre absolute Winterfestigkeit; er hatte seine Erfahrungen mit dem russischen Winter. Aber es nützte nichts, seine Leute wurden verlegt. Er selbst bekam eine extrem schmerzhafte Neuralgie der rechten Kopfhälfte und wurde – zu Neujahr 1943 – von der Front abgezogen, was ihm, rund einen Monat vor der Einnahme von Kursk, vielleicht das Leben rettete.

174 Dr. Lu Laporte.
Trotz der beschwerlichen Umstände schrieb Doderer viele Briefe, darunter auch an die Lektorin des Beck-Verlages in München, Lu Laporte. Sie war ihm in literarischen Fragen eine besonders zuverlässige Ratgeberin, beriet ihn sogar bei der Auswahl seiner Lektüre und schickte ihm Bücher nach. Er blieb ihr bis zu ihrem relativ frühen Tod in Dankbarkeit und Hochachtung verbunden.

175 Am Flugfeld sitzend.
Als nicht mehr fronttauglich wurde Doderer im Hinterland auf Flughäfen eingesetzt: Schongau in Bayern, Wiener Neustadt, Vöslau. Seine Klagen über Hallen und Baracken, über Flugzeuglärm und Lastwägen nahmen zu; er haßte Fliegerhorste als eine vorwiegend technische und ihm wesensfremde Umgebung. Doch dann wurde er – wie in *Unter schwarzen Sternen* beschrieben – nach Wien zur Prüfungsstelle für Offiziersanwärter der Luftwaffe versetzt und konnte auch wieder in seinem Atelier in der Buchfeldgasse wohnen. Das dauerte vom September 1943 bis November 1944; dann wurde, bei rundum zunehmendem Chaos, auch die Prüfungsstelle ständig verlegt – Eger, Waldsassen, Bückeburg, Hannover (wo Doderer die schrecklichen Luftangriffe miterlebte), wieder Eger, Karlsbad . . . und plötzlich Oslo.

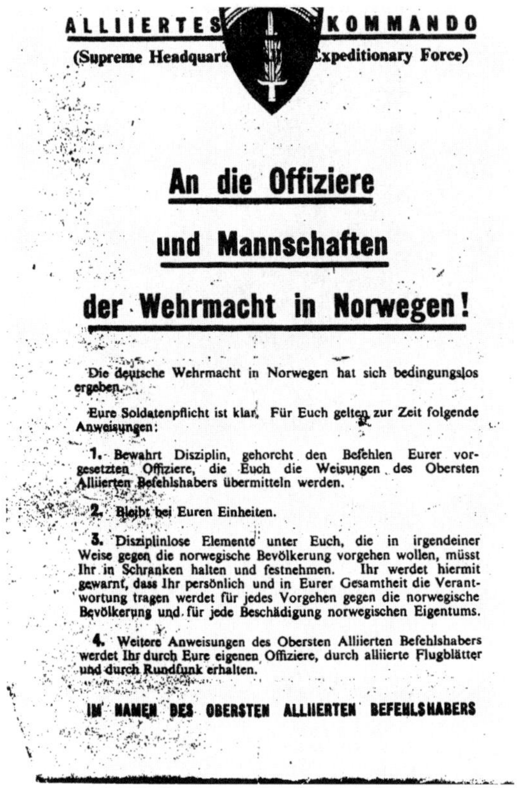

ALLIIERTES KOMMANDO

(Supreme Headquart xpeditionary Force)

An die Offiziere und Mannschaften der Wehrmacht in Norwegen!

Die deutsche Wehrmacht in Norwegen hat sich bedingungslos ergeben.

Eure Soldatenpflicht ist klar. Für Euch gelten zur Zeit folgende Anweisungen:

1. Bewahrt Disziplin, gehorcht den Befehlen Eurer vorgesetzten Offiziere, die Euch die Weisungen des Obersten Alliierten Befehlshabers übermitteln werden.

2. Bleibt bei Euren Einheiten.

3. Disziplinlose Elemente unter Euch, die in irgendeiner Weise gegen die norwegische Bevölkerung vorgehen wollen, müsst Ihr in Schranken halten und festnehmen. Ihr werdet hiermit gewarnt, dass Ihr persönlich und in Eurer Gesamtheit die Verantwortung tragen werdet für jedes Vorgehen gegen die norwegische Bevölkerung und für jede Beschädigung norwegischen Eigentums.

4. Weitere Anweisungen des Obersten Alliierten Befehlshabers werdet Ihr durch Eure eigenen Offiziere, durch alliierte Flugblätter und durch Rundfunk erhalten.

IM NAMEN DES OBERSTEN ALLIIERTEN BEFEHLSHABERS

176 Aufruf des Alliierten Kommandos.

177 Doderer in der norwegischen Kriegsgefangenschaft.

Seine zweite Kriegsgefangenschaft – diesmal im norwegischen Eggemoen – nahm Doderer reichlich gelassen hin; er erholte sich und schrieb. Seine Arbeit galt vor allem der theoretischen Bewältigung seiner eigenen „Beteiligung an dem heutigen allgemeinen Unglück der Welt, an der Herbeiführung dieses Unglücks nämlich". Wenn er als Wesen des totalitären Staates die immer geringere Deckung von Erster und Zweiter Wirklichkeit definierte und dann „die sprachliche Katastrophe, welche das neunzehnte Jahrhundert gebracht hat, als Wurzel des Übels" erkannte, war er darauf zwar als eine philosophische Leistung stolz, fand aber bei den wirklichen Opfern des Nationalsozialismus dafür weder Verständnis noch gar Anerkennung.

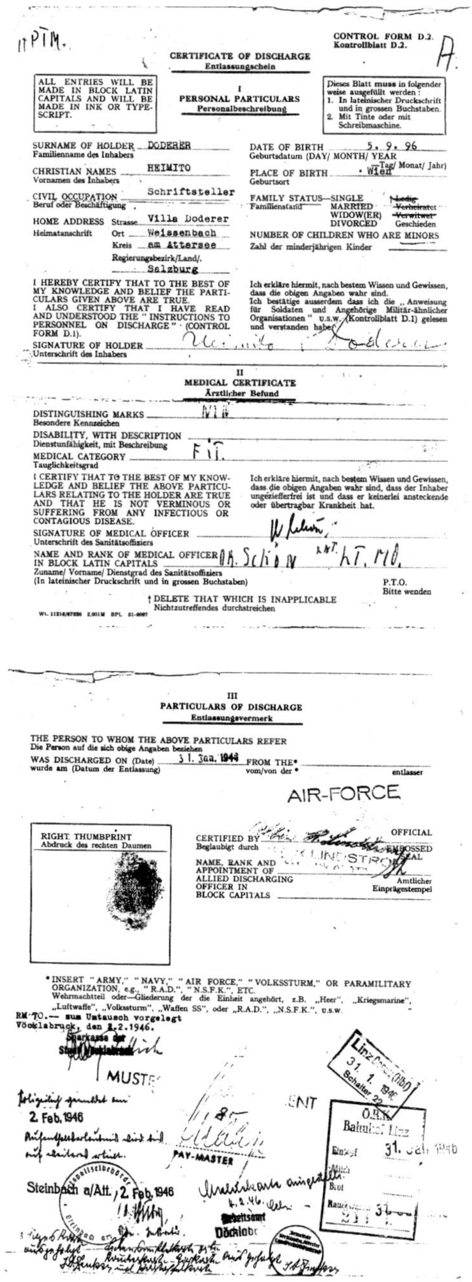

CONTROL FORM D.2.
Kontrollblatt D.2.

CERTIFICATE OF DISCHARGE
Entlassungschein

ALL ENTRIES WILL BE MADE IN BLOCK LATIN CAPITALS AND WILL BE MADE IN INK OR TYPE-SCRIPT.

I
PERSONAL PARTICULARS
Personalbeschreibung

Dieses Blatt muss in folgender weise ausgefüllt werden:
1. In lateinischer Druckschrift und in grossen Buchstaben.
2. Mit Tinte oder mit Schreibmaschine.

SURNAME OF HOLDER / Familienname des Inhabers: DODERER
CHRISTIAN NAMES / Vornamen des Inhabers: HEIMITO
CIVIL OCCUPATION / Beruf oder Beschäftigung: Schriftsteller
HOME ADDRESS / Heimatanschrift: Strasse Villa Doderer; Ort Weissenbach; Kreis am Attersee; Regierungsbezirk/Land/. Salzburg

DATE OF BIRTH / Geburtsdatum (DAY/ MONTH/ YEAR — Tag/ Monat/ Jahr): 5. 9. 96
PLACE OF BIRTH / Geburtsort: Wien
FAMILY STATUS / Familienstand — SINGLE ~~Ledig~~ / MARRIED ~~Verheiratet~~ / WIDOW(ER) ~~Verwitwet~~ / DIVORCED Geschieden
NUMBER OF CHILDREN WHO ARE MINORS / Zahl der minderjährigen Kinder: —

I HEREBY CERTIFY THAT TO THE BEST OF MY KNOWLEDGE AND BELIEF THE PARTICULARS GIVEN ABOVE ARE TRUE. I ALSO CERTIFY THAT I HAVE READ AND UNDERSTOOD THE "INSTRUCTIONS TO PERSONNEL ON DISCHARGE" (CONTROL FORM D.1).

Ich erkläre hiermit, nach bestem Wissen und Gewissen, dass die obigen Angaben wahr sind. Ich bestätige ausserdem dass ich die „Anweisung für Soldaten und Angehörige Militär-ähnlicher Organisationen" u.s.w. (Kontrollblatt D.1) gelesen und verstanden habe.

SIGNATURE OF HOLDER / Unterschrift des Inhabers

II
MEDICAL CERTIFICATE
Ärztlicher Befund

DISTINGUISHING MARKS / Besondere Kennzeichen: NIL
DISABILITY, WITH DESCRIPTION / Dienstunfähigkeit, mit Beschreibung
MEDICAL CATEGORY / Tauglichkeitsgrad: FIT.

I CERTIFY THAT TO THE BEST OF MY KNOWLEDGE AND BELIEF THE ABOVE PARTICULARS RELATING TO THE HOLDER ARE TRUE AND THAT HE IS NOT VERMINOUS OR SUFFERING FROM ANY INFECTIOUS OR CONTAGIOUS DISEASE.

Ich erkläre hiermit, nach bestem Wissen und Gewissen, dass die obigen Angaben wahr sind, dass der Inhaber ungezieferfrei ist und dass er keinerlei ansteckende oder übertragbar Krankheit hat.

SIGNATURE OF MEDICAL OFFICER / Unterschrift des Sanitätsoffiziers
NAME AND RANK OF MEDICAL OFFICER IN BLOCK LATIN CAPITALS / Zuname/ Vorname/ Dienstgrad des Sanitätsoffiziers (In lateinischer Druckschrift und in grossen Buchstaben): DR. SCHÖN LT. MO.

P.T.O.
Bitte wenden

† DELETE THAT WHICH IS INAPPLICABLE
Nichtzutreffendes durchstreichen

III
PARTICULARS OF DISCHARGE
Entlassungsvermerk

THE PERSON TO WHOM THE ABOVE PARTICULARS REFER
Die Person auf die sich obige Angaben beziehen
WAS DISCHARGED ON (Date) / wurde am (Datum der Entlassung): 31. Jan. 1946 FROM THE* / vom/von der*: AIR-FORCE entlasser

RIGHT THUMBPRINT
Abdruck des rechten Daumen

CERTIFIED BY / Beglaubigt durch
NAME, RANK AND APPOINTMENT OF ALLIED DISCHARGING OFFICER IN BLOCK CAPITALS
OFFICIAL EMBOSSED SEAL / Amtlicher Einprägestempel

* INSERT "ARMY," "NAVY," "AIR FORCE," "VOLKSSTURM," OR PARAMILITARY ORGANIZATION, e.g., "R.A.D.", "N.S.F.K.", ETC.
Wehrmachtteil oder—Gliederung der die Einheit angehört, z.B. „Heer", „Kriegsmarine", „Luftwaffe", „Volkssturm", „Waffen SS", oder „R.A.D.", „N.S.F.K.", u.s.w.

RM 70.— zum Umtausch vorgelegt
Vöcklabruck, den 2.2.1946.

2. Feb. 1946
PAY-MASTER
Linz 31. 1. 1946
Steinbach a/Att., 2. Feb. 1946

178 Certificate of Discharge.
Ende November 1945 kam Doderer aus der norwegischen Kriegsgefangenschaft in ein Lager bei Darmstadt, wo die Wohn- und Ernährungsverhältnisse schon wesentlich schwieriger waren. Seine Entlassung erfolgte am 31. Jänner 1946 in Linz. Er wagte sich wegen seiner ehemaligen NS-Parteimitgliedschaft vorläufig nicht in die russisch besetzten Gebiete Österreichs, sondern fuhr an den Attersee.

179 Richard von Doderer.

180 Das Haus am Attersee.
Am Landungssteg des Schiffes, das den Attersee überquerte, wartete Onkel Richard von Doderer täglich, ob irgend jemand auftauchen würde, den er kenne. Heimito wurde sofort von den Verwandten, die ihren ganzen Reichtum in Böhmen verloren hatten, im ehemaligen Sommerhaus der Familie in Weißenbach aufgenommen. Es war überbelegt, es gab kaum etwas zu essen, aber es herrschte kein Zweifel, daß der Neffe hier bleiben konnte; auch war das Verhältnis zwischen dem gescheiten und überaus belesenen Onkel und Heimito immer schon ein besseres gewesen als mit den meisten anderen Verwandten. Doderer benützte seinen Aufenthalt, der bis Mitte Mai dauerte, vor allem dazu, brieflich wieder alle Kontakte herzustellen – mit der Familie, Maria, den Freunden, dem Verlag; außerdem wollte er die Situation in Wien sondieren, ehe er schließlich zurückkehrte.

Erklärung

Die Endesgefertigte Leopoldine Kresswaritzky erklärt bezüglich politischer Einstellung des seit Septmber 1938 im Hause wohnen= den Dr.Heimito von Doderer,dass derselbe eine nationalsozialistische Einstellung niemals gezeigt hat.Gelegenheit bei Gesprächen wäre schon genug gewesen,doch habe ich bei Dr.Doderer jederzeit nur das gerade Gegeteil vom Nationalsozialistischen zu hören bekommen.Er hoffte,dass wir die Deutschen doch bald wieder los werden.Ob er eingeschriebenes Mitglied der NSDAP war kann ich nicht sicher wissen;hier hat er jedenfalls der Ortsgruppe nicht angehört und nichts gezahlt,denn alle seine kleinen Zahlungen sind durch meine Hände gegangen,ich habe bei ihm bedient.Mit Sicherheit kann ich angeben,dass Dr.Doderer niemals mit einem Abzeichen gesehen worden ist.Aus allen diesen Gründen haben mein Mann und ich auch gegenüber dem Dr.Doderer mit unserer Meinung über die Zustände,den Krieg und das Militär nicht geniert.Am Bezirk kann Dr.Doderer nicht als Nazi gegolten haben,eher im Gegenteil.Erist auch immer in die Kirche gegangen.

Hausvertrauensmann und Hausbesorgerin

Wien VIII. BUchfeldgasse 6
am 21. Mai 1946

Leopoldine Kresswaritzky

181, 182 Briefe der Hausmeisterin Poldi und des Monsignore Otto Mauer.
In Wien war es – neben empfindlichem Nahrungs- und Geldmangel – Doderers Hauptproblem, alle die Behinderungen loszuwerden, die ihm durch seine ehemalige Mitgliedschaft bei der NSDAP nun erwuchsen. Er war von jeder Publikationstätigkeit und Mitgliedschaft bei literarischen Vereinen ausgeschlossen. Nun mußten alle Freunde, von Gütersloh angefangen, für seine geänderte politische Gesinnung Zeugnis ablegen. Der Brief seiner Hausmeisterin, der treuen Poldi, die sich bis zu seinem Lebensende um seine Sachen kümmerte, ist auf Doderers eigener Schreibmaschine geschrieben.

ERZBISCHÖFLICHES
SEELSORGEAMT
WIEN I./STEPHANSPL. 3
Akademikerseelsorge

Wien, den 22.6.1946.

Sehr verehrter Herr Doktor Friedlä nder !

Erlauben Sie, dass ich Ihnen die Angelegenheit des Herrn Dr.Haimito von D o d e r e r auf das Beste empfehle. Ich kenne ihn als einen sehr geistigen Menschen und vorzügl ichen Schriftsteller; es wäre meiner Ansicht nach s ehr wü nschenswert, wenn diese ausgezeichnete Kraft wieder in das literarische Leben Oesterreichs eingeschaltet werden könnt e.

Herr Professor Gütersloh wird die Freundlichkeit haben, Ihnen alles Nähere über den Fall zu berichten.

Mit vorzüglicher

Hochachtung +

Otto Mauer

(Otto Mauer)

Wirtschaftszweig

Wien, am 4. Juli 1946.

Beschäftigtenliste

Arbeitgeber, Berufsvertretung oder Lehranstalt: Dr Heimito von Doderer

Art des Betriebes (Tätigkeit bzw. Erzeugung): freier Schriftsteller (hauptberuflich) Adresse: Wien VIII. Buchfeldg. 6

	männl.	weibl.
Angestellte	1	/
Gelernte Arbeiter	/	/
Ungelernte	/	/
Lehrlinge	/	/

Arbeit- oder Dienstgeber haben hier die Zahl aller mit obigem Tage beschäftigten Arbeitskräfte anzugeben.

Merkblatt beachten! Liste zweifach anlegen, Beschäftigte in Reihenfolge: Angestellte (männl. — weibl.), gelernte Arbeiter (männl. — weibl.), ungelernte Arbeiter (männl. — weibl.), Lehrlinge (männl. — weibl.) in jeder Gruppe alphabetisch; Namen von Anfang der Liste bis Ende fortlaufend numerieren; nach dem letzten Namen Schlußstrich ziehen; besondere Bezeichnung der Kriegsinvaliden mit K, der mithelfenden Familienangehörigen mit F unter dem Vornamen.

Listen nach Schlußstrich vom Zeichnungsberechtigten und Betriebsrat (Vertrauensmann) unterschreiben.

Laufende Nummer	Vorname / Familienname	Geburtsjahr	Staatsangehörigkeit	Ehem. Nationalsozialist: ja oder nein	Derzeitige Tätigkeit bzw. Beschäftigung*)	Zahl der wöchentl. Arbeitsstunden	Bemerkungen**)
	v. Doderer Heimito	1896	österr.	Ja	freier Schriftsteller (hauptberufl.)	50	

Anmerkung: *) z. B. Tischler, Hilfsarbeiter usw.

**) In dieser Rubrik hat der Inhaber den Empfang des Beschäftigungsausweises mit seiner Unterschrift auf der Zweitausfertigung der Liste zu bestätigen.

Laufende Nummer	Vorname / Familienname	Geburtsjahr	Staatsangehörigkeit	Ehem. Nationalsozialist: ja oder nein	Derzeitige Tätigkeit bzw. Beschäftigung*)	Zahl der wöchentl. Arbeitsstunden	Bemerkungen**)

Es wird hiermit bestätigt, dass Herr Dr. Heimito v.Doderer hauptberuflicher freier Schriftsteller, jedoch nicht Mitglied des Verbandes demokratischer Schriftsteller und Journalisten Österreichs ist, daher auch durch den Verband keinen Beschäftigungsausweis erhält.

Im Auftrage:

Wien, den 4.7.1946.

Verband d. Schriftsteller u. Journalisten Österreichs

*) und **): Siehe Anmerkung auf der Vorderseite.

183 Beschäftigtenliste.

184 Heimito von Doderer mit der Mutter und dem Bruder Immo.
Erst im Herbst kam er dazu, seine Mutter auf dem Riegelhof zu besuchen – zum letzten Mal. Am „5. Nov um 1/2 8 Uhr früh ist meine kleinste Mama sanft hinübergeschlafen . . . hab' doch zuletzt noch viele Stunden im Geplauder an ihrem Bett verbringen können . . ."

An den   Wien, 19. Dezember 1946

Leiter des Arbeitsamtes Wien I

W i e n I.,
Hegelgasse 5

Betr.: Dr. Heimito v. Doderer, Schriftsteller.
Wien VIII., Buchfeldgasse 6, Atelier, Tür 13.

Es erscheint Herr Heimito v. Doderer und gibt an, daß seine Freistellung von der Arbeitspflicht mit 31. Dezember 1946 abläuft. Da Herr Heimito v. Doderer Schriftsteller ist, entsteht die Frage, was nach diesem Datum geschehen wird. Es liegt dem Amt für Kultur und Volksbildung eine Bestätigung des Luckmann-Verlages vor, wonach Herr v. Doderer augenblicklich an einem Roman arbeitet, der seine gesamte Arbeitskraft in Anspruch nimmt und die Subsistenzmittel für seine Lebenshaltung erschließt. Ferner weist Herr v. Doderer eine Bestätigung des Verbandes der Schriftsteller und Journalisten Österreichs vor, in dem der Vorsitzende des Verbandes Herrn v. Doderer als Schriftsteller von kulturellem Rang und Verfasser von bedeutenden Werken bezeichnet.

Es wird daher angeregt, Herrn Heimito v. Doderer aus kulturellem Interesse von der Verpflichtung zum Arbeitsdienst freizustellen, damit er seine literarischen Arbeiten fortzusetzen vermag.

L. L. Friedlaender

Leiter der Magistratsabteilung 6
(Kultur und Volksbildung)

Herrn Dr. Heimito v. Doderer zur gef. Kenntnisnahme !
1 Beilage (Bestätigung des Luckmann-Verlages zurück).

185 Brief Friedlaenders.

Hier zeigt sich ein erster Erfolg von Otto Mauers Intervention: Doderers Freistellung vom Arbeitsdienst wird vorgeschlagen. Doch eine wirkliche Hilfe konnte nur die Streichung von der Nazi-Liste bringen. Diese ‚Entnazifizierung' erfolgte erst, als er ab März 1947 – in vier Raten – seine ‚Sühne-Abgabe' leistete, die 15 Prozent seines Vermögenswertes minus 10.000 Schilling Freibetrag ausmachte. Im Falle Doderers betrug die Summe, die er an den Staat zu zahlen hatte, 1650 Schilling. Im Vergleich dazu bekam er im Dorotheum, dem Wiener Versatzamt, für einen blauen Anzug 50, für seinen goldenen Siegelring 100 Schilling; ein halbes Kilo Rohkaffee kostete damals auf dem Schwarzmarkt 70, zehn Zigaretten 12 Schilling.

186 Hungerfoto.

Kaffee und Zigaretten waren, zumindest bei der Arbeit, Doderers dringendste Bedürfnisse. Wie wenig Geld dabei, trotz der regelmäßigen Besuche im Dorotheum, für Essen übrigblieb, sieht man diesem Foto an. Ausgerechnet in dieser schwierigsten Zeit seines Lebens – von 1946 bis 1948 – schrieb er *Die Strudlhofstiege.* Die folgenden drei Fotos stammen aus Heimito von Doderers eigener Sammlung und sind von ihm beschriftet.

187 Die Strudlhofstiege.

188 Das Haus zum blauen Einhorn.

189 Das Einhorn.
Während es das blaue Einhorn, unter dem im Roman Paula und René ihr erstes Gespräch führen, längst nicht mehr gibt, stehen die ‚Miserowsky'schen Zwillinge' noch unverändert; man sieht hier auch die gespannten Drähte, die den ‚äolischen' Ton erzeugten. Doderer wanderte – schon seit seiner Jugend – viel durch Wien und kannte die von ihm besuchten Stadtteile wirklich gut. Für die Arbeit am Roman begnügte er sich jedoch nicht mit diesen allgemeinen Eindrücken, sondern recherchierte extrem genau.

190 Die Miserowsky'schen Zwillinge in der Porzellangasse.

191 Zeichnung zur Strudlhofstiege.
Doderer bestand zunehmend darauf, seine Romane nach apriorisch hergestellten ‚Konstruktions-Entwürfen' geschrieben zu haben, in denen Form und Dynamik festgelegt seien, bevor er noch den Inhalt wisse. Das stimmt auf jeden Fall für die *Strudlhofstiege* noch nicht; seine ‚Zeichnungen' machen schwierige Passagen und Zusammenhänge für den Autor übersichtlicher und sind bei der Arbeit entstanden. Auch später schuf er die Form nie in jener Unabhängigkeit vom Inhalt, wie er vorgab, doch wurden seine theoretischen und praktischen Überlegungen zum Romanaufbau immer bestimmender, was sich natürlich auch auf die Wahl der Inhalte auswirkte.

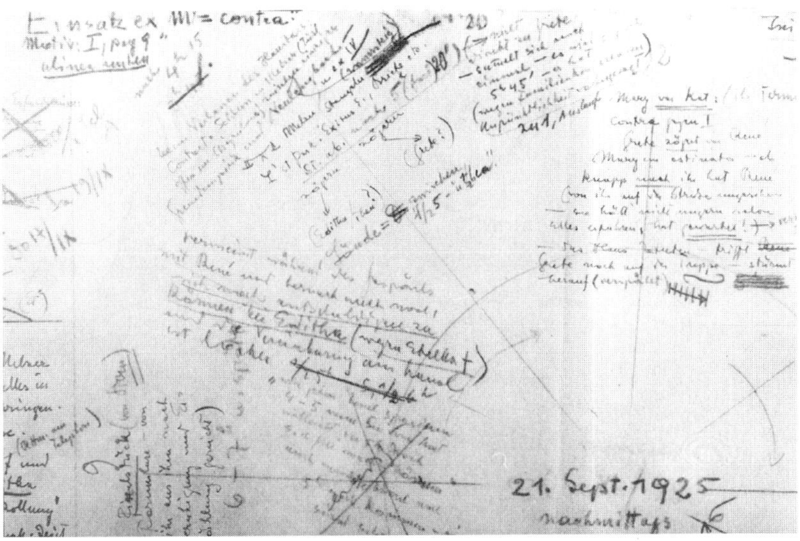

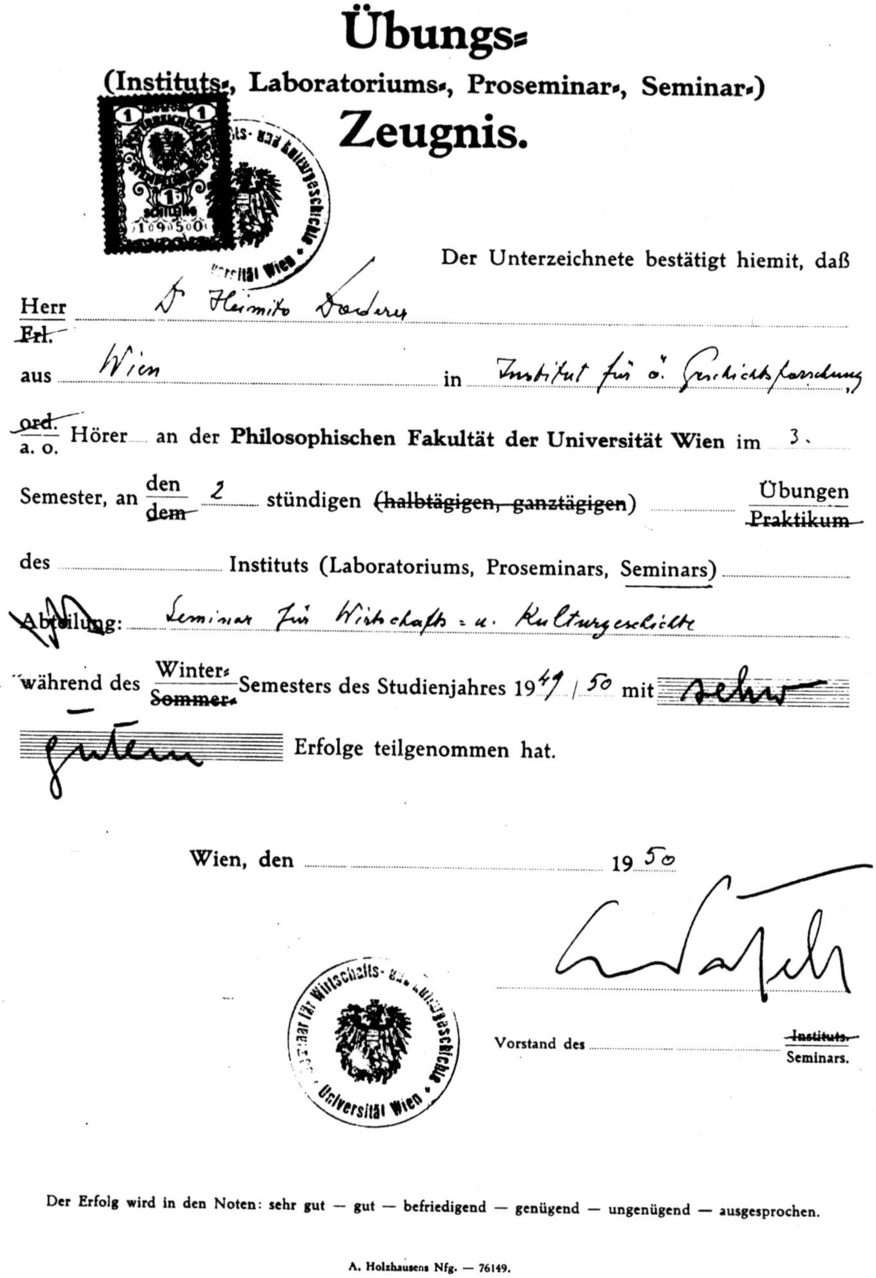

Übungs=
(~~Instituts=~~, Laboratoriums=, Proseminar=, Seminar=)
Zeugnis.

Der Unterzeichnete bestätigt hiemit, daß

Herr ~~Frl.~~ Dr Heimito Doderer

aus Wien in Institut für ö. Geschichtsforschung

~~ord.~~ a. o. Hörer an der **Philosophischen Fakultät der Universität Wien** im 3. Semester, an den ~~dem~~ 2 stündigen ~~(halbtägigen, ganztägigen)~~ Übungen ~~Praktikum~~

des Instituts (Laboratoriums, Proseminars, Seminars)

~~Abteilung~~: Seminar für Wirtschafts= u. Kulturgeschichte

während des Winter= ~~Sommer=~~ Semesters des Studienjahres 1949/50 mit ~~sehr~~ gutem Erfolge teilgenommen hat.

Wien, den 1950

[Signature]

Vorstand des ~~Instituts.~~ Seminars.

Der Erfolg wird in den Noten: sehr gut — gut — befriedigend — genügend — ungenügend — ausgesprochen.

A. Holzhausens Nfg. — 76149.

192 Übungszeugnis des Instituts für österreichische Geschichtsforschung.

193 Doderer mit Manuskript am Schreibtisch.

Bis zum Erscheinen der *Strudlhofstiege* sollten noch fast drei Jahre vergehen. In dieser Zeit absolvierte Doderer den zweijährigen Kurs des Instituts für österreichische Geschichtsforschung, den er schon 1923 einmal begonnen hatte. Der Grund dafür war, nach der vorläufig erfolglosen Anstrengung des großen Romans, tiefe Resignation und die Angst, im Alter seinen Lebensunterhalt nicht bestreiten zu können. Dank der erfolgreich abgeschlossenen Spezialausbildung hoffte er, im Notfall einen Posten in einem Archiv oder in einer Bibliothek zu erhalten.

194 Gütersloh und Milena Hutter bei einem Secessions-,Gschnas'.

Durch Gütersloh, der Präsident des Art-Clubs war, und Rolf Haybach, der die Secession leitete, kam Doderer zwar mit anderen Schriftstellern und dem Wiener Kulturleben in gelegentlichen Kontakt, wurde aber doch von vielen abgelehnt. Vor allem gelang es ihm vorläufig nicht, in den PEN-Club aufgenommen zu werden. Aus jener Zeit stammte die Überzeugung, daß er besonders viele Feinde hätte. Daran glaubte er, durchaus übertrieben, bis an sein Lebensende.

195 George Saiko.
Nächtelange Gespräche waren Doderer noch immer so wichtig wie in seiner Jugend. Neben Edmund Schüller waren es vor allem der Schriftsteller George Saiko und ihr gemeinsamer Freund, der Musikkritiker Hanns von Winter, mit denen er in diesen Jahren oft mehrmals wöchentlich von Beisel zu Beisel zog. Die Beziehung zu Saiko wurde allerdings immer gespannter – wie zu allen Schriftstellern, die ihre eigenen Bücher so ernst nahmen wie Doderer die seinen. Schließlich bezeichnete er Saiko, dessen Werk er zwar weiterhin für bedeutend hielt, als „Schurk' und Widerling".

4. TEIL: 1951–1966

196 Heimito von Doderer.
Das Jahr 1951 brachte ihm endlich, wonach er seit den sibirischen Jahren gestrebt hatte: Im Frühjahr erschien *Die erleuchteten Fenster* und im Herbst, fast genau zu seinem fünfundfünfzigsten Geburtstag, *Die Strudlhofstiege.* Damit war er in der literarischen Welt mit einem Schlag etabliert.

197 Doderer vortragend.
Im Herbst 1951 trat er – vor vollem Saal – in der Wiener Secession zum ersten Mal wieder als Vortragender auf; im Winter unternahm er eine lange Tournee durch Deutschland, die er in einem Brief als ‚Triumphzug' bezeichnete. Was immer Doderer vom Verlag oder anderer Seite zur Förderung seines Werks und seiner Bekanntheit vorgeschlagen wurde, erfüllte er: Viele Jahre gab es keine Lesung, keinen Vortrag, keinen Beitrag, den er ablehnte, auch jeder Leserbrief wurde pflichtbewußt beantwortet.

198 Doderer mit Pfeife.

Auch wenn sich Doderer nun manchmal – und später immer öfter – über seine vielen Verpflichtungen beklagte, genoß er doch jeden Auftritt und jede Bestätigung. Zur Pose hatte er schon privat geneigt, nun wurde sie auch Teil seines Berufs. Doch die Übertreibung in Aussprache und Gestik war keine private Erfindung, sondern stammte aus der Familie; auch seine Geschwister liebten es, sich in ähnlicher Weise wie der nun berühmte jüngste Bruder in Szene zu setzen.

199 Hans Weigel.

Hans Weigel, der Literaturkritiker, Kabarettist, Satiriker (und vieles mehr), war auch ein nahezu hauptberuflicher Förderer von Schriftstellern sowie Schauspielern – mit einem Einfluß, der bald über Karrieren entscheiden konnte. Daß er sich, von Anfang an und noch dazu als Jude, geradezu leidenschaftlich für Doderer einsetzte, nahm dieser mit größter Dankbarkeit auf. Es wurde eine lebenslange treue Freundschaft daraus, getragen von absoluter Loyalität. Weigel (und später Helmut Qualtinger) zuliebe ging Doderer sogar ins Theater, das ihm an sich völlig gleichgültig war.

200 Herbert Eisenreich.

Der junge Schriftsteller Herbert Eisenreich war ebenfalls ein begeisterter Anhänger der ersten Stunde, gleich nach dem Erscheinen der *Strudlhofstiege.* Doderer war es immer besonders wichtig, Einfluß auf jüngere Leute und vor allem Schriftsteller zu haben; sie sollten nicht nur die Bewunderung für sein Werk weitertragen, sondern – womöglich – auch seiner Romantheorie folgen und damit ihre Brauchbarkeit erhärten. Tatsächlich wurde Herbert Eisenreich später eine Zeitlang geradezu als designierter Nachfolger Doderers angesehen, konnte aber seinen großen Roman, der teilweise wirklich Doderer verpflichtet war, nie vollenden.

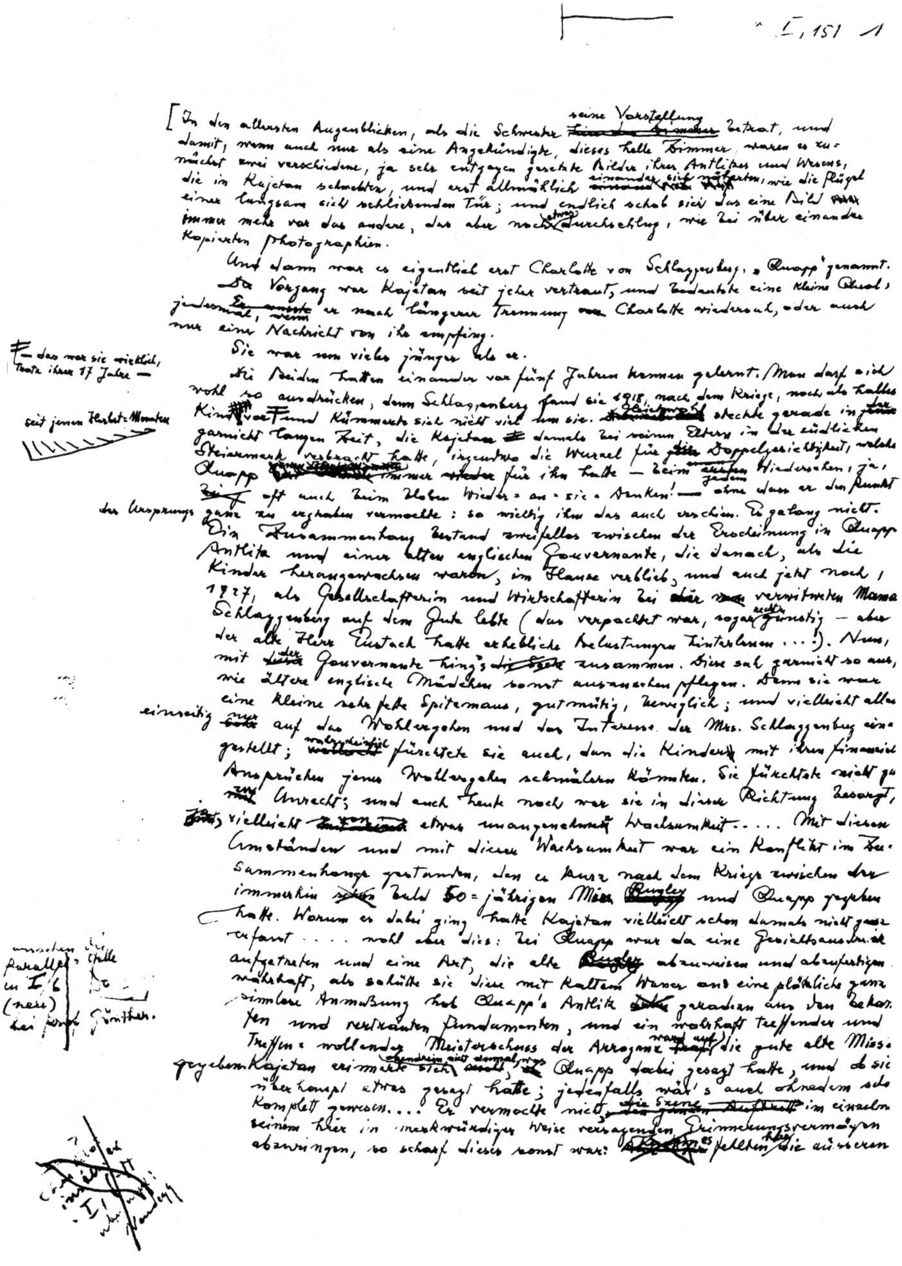
[In den allerersten Augenblicken, als die Schwester seine Vorstellung eintrat, und damit, wenn auch nur als eine Angekündigte, dieses helle Zimmer, waren es zunächst zwei verschiedene, ja sehr entgegengesetzte Bilder ihres Antlitzes und Wesens, die in Kajetan schwebten, und erst allmählich einander sich näherten, wie die Flügel einer langsam sich schließenden Tür; und endlich schob sich das eine Bild immer mehr vor das andere, das aber noch etwas durchschlug, wie bei über einander kopierten Photographien.

Und dann war es eigentlich erst Charlotte von Schlaggenberg, „Quapp“ genannt. Der Vorgang war Kajetan seit jeher vertraut, und bedeutete eine kleine Qual, jedesmal, wenn er nach längerer Trennung Charlotte wiedersah, oder auch nur eine Nachricht von ihr empfing.

Sie war um vieles jünger als er.

Die beiden hatten einander vor fünf Jahren kennen gelernt. Man darf sich wohl so ausdrücken, denn Schlaggenberg fand sie 1918, nach dem Kriege, noch als halbes Kind vor und kümmerte sich nicht viel um sie. [illegible] steckte gerade in der garnicht langen Zeit, die Kajetan damals bei seinen Eltern in der südlichen Steiermark verbracht hatte, irgendwo die Wurzel für die Doppelgesichtigkeit, welche Quapp immer für ihn hatte – beim jedem Wiedersehen, ja, oft auch beim bloßen Wieder-an-sie-Denken! – ohne dass er den Punkt des Ursprungs ganz zu erhaschen vermochte: so wichtig ihm das auch erschien. Es gelang nicht.

Ein Zusammenhang bestand zweifellos zwischen der Erscheinung in Quapps Antlitz und einer alten englischen Gouvernante, die danach, als die Kinder herangewachsen waren, im Hause verblieb, und auch jetzt noch, 1927, als Gesellschafterin und Wirtschafterin bei der verwitweten Mama Schlaggenberg auf dem Gute lebte (das verpachtet war, sogar recht günstig – aber der alte Herr Eustach hatte erhebliche Belastungen hinterlassen …). Nun, mit der Gouvernante hing's zusammen. Diese sah garnicht so aus, wie ältere englische Mädchen sonst auszusehen pflegen. Denn sie war eine kleine sehr fette Spitzmaus, gutmütig, beweglich; und vielleicht allzu einseitig nur auf das Wohlergehen und das Interesse der Mrs. Schlaggenberg eingestellt; [illegible] fürchtete sie auch, dass die Kinder mit ihren finanziellen Ansprüchen jenes Wohlergehen schmälern könnten. Sie fürchtete nicht zu Unrecht; und auch heute noch war sie in dieser Richtung besorgt, vielleicht [illegible] etwas unangenehmer Wachsamkeit …. Mit diesen Umständen und mit dieser Wachsamkeit war ein Konflikt im Zusammenhange gestanden, den es kurz nach dem Kriege zwischen der immerhin bald 50-jährigen Miss Bugley und Quapp gegeben hatte. Worum es dabei ging, hatte Kajetan vielleicht schon damals nicht ganz erfaßt …. wohl aber dies: bei Quapp war da ein Gesichtsausdruck aufgetreten und eine Art, die alte Bugley abzuweisen und abzufertigen, meisterhaft, als schütte sie diese mit kaltem Wasser aus; eine plötzliche ganz sinnlose Anmaßung hob Quapp's Antlitz geradezu aus den bekannten und vertrauten Fundamenten, und ein [illegible] treffender und treffen-wollender Meisterschuss der Arroganz warf auf die gute alte Miss – Kajetan erinnerte sich [illegible] dass Quapp dabei gesagt hatte, und ob sie überhaupt etwas gesagt hatte; jedenfalls wär's auch ohnedem schon komplett gewesen … Er vermochte nicht, im einzelnen seinem hier in merkwürdiger Weise versagenden Erinnerungsvermögen abzuzwingen, so scharf dieses sonst war: [illegible] fehlten ihm die äußeren

201 Eine Seite aus den „Dämonen“.

202 Doderer mit einem Teilmanuskript der „Dämonen" vor dem Verlag in München.
Sobald der Rummel nach dem Erscheinen der *Strudlhofstiege* zu Ende war, machte sich Doderer mit größter Disziplin an sein umfangreichstes Werk, dessen ersten Teil er rund achtzehn Jahre zuvor abgeschlossen hatte. Allmählich entstand ein neues Konzept, das schließlich zu jenem ‚Staatsroman' führte, in dessen Mittelpunkt der 15. Juli 1927 steht. Dabei ergaben sich auch Änderungen am bereits vorhandenen Manuskript, jedoch solche ‚ideologischer Natur' waren nicht nötig; das zeigt, wie opportunistisch die seinerzeitige Werksbeschreibung für die Reichsschrifttumskammer gewesen war. Er vollendete den über 1300 Seiten umfassenden Roman in knapp vier Jahren.

203 Horst Wiemer.
Im Biederstein-Verlag – eine Nachkriegsgründung von C. H. Beck, gewissermaßen als literarische Abteilung – wurde Doderer vorwiegend durch den Cheflektor Horst Wiemer betreut, wobei sich die persönliche Freundschaft zwischen den beiden zunehmend vertiefte. – In Österreich erschienen eigene Lizenzausgaben bei Ilse Luckmann-Strobl, die Doderer bereits ab 1946 in Wien finanziell unterstützt hatte, als dies aus Deutschland noch nicht möglich war; auch sie und ihr Mann gehörten ab dann zum engeren Kreis um Heimito.

Heimito von Doderer

UND

Frau Maria Emma von Doderer

GEBORENE THOMA

GEBEN NACHRICHT VON IHRER VERMÄHLUNG.

DIE TRAUUNG HAT AM 25. SEPTEMBER 1952
IN DER STIFTS-KIRCHE ZU ALTÖTTING STATTGEFUNDEN.

WIEN VIII. BUCHFELDGASSE 6 | LANDSHUT, PULVERTURMSTRASSE 4

204 Hochzeitsanzeige.

Nach dem Krieg hatte Doderer seine bayerische Freundin Emma Maria Thoma fast fünf Jahre lang nicht gesehen, sie aber dann – als er endlich wieder einen Paß bekam – mehrfach besucht. Sie wohnte nun in Landshut, wo er sich gern von ihr umsorgen ließ, ‚im Mienzi-Nest', wie es bei ihm hieß. Die Hochzeit fand weitgehend ohne Wissen der Freunde und Verwandtschaft statt; vierzehn Tage später fuhr er bereits wieder nach Wien. Mienzi, wie er seine Frau meistens nannte, blieb in Landshut, wo sie bis zu ihrer Pensionierung berufstätig war; Doderer besuchte sie mehrmals im Jahr und schrieb auch, der größeren Ruhe wegen, einen Teil der *Dämonen* dort.

205 Doderer in Damengesellschaft.
In Wien lebte Doderer sein altes Junggesellendasein weiter; Maria kam relativ selten und eher für kurze Zeit, wobei dann er, gewissermaßen als Gastgeber, das Frühstück machte; die übrigen Mahlzeiten nahmen sie außer Haus ein. Auch ohne seine Frau ging Doderer, der morgens und vormittags arbeitete, häufig aus, fast immer in Gesellschaft.

206 Feier anläßlich des Literaturpreises für Epik.
1954 erhielt Doderer in Bamberg seinen ersten Literaturpreis, verliehen vom Bundesverband der deutschen Industrie, wobei er die mehrtägigen Feierlichkeiten überaus genoß. Er und Maria wurden auch dem deutschen Bundespräsidenten Dr. Theodor Heuss (rechts im Bild) vorgestellt. In der Mitte Franz Theodor Csokor, der Präsident des österreichischen PEN-Clubs, dessen Mitglied Doderer nun endlich seit zwei Jahren war.

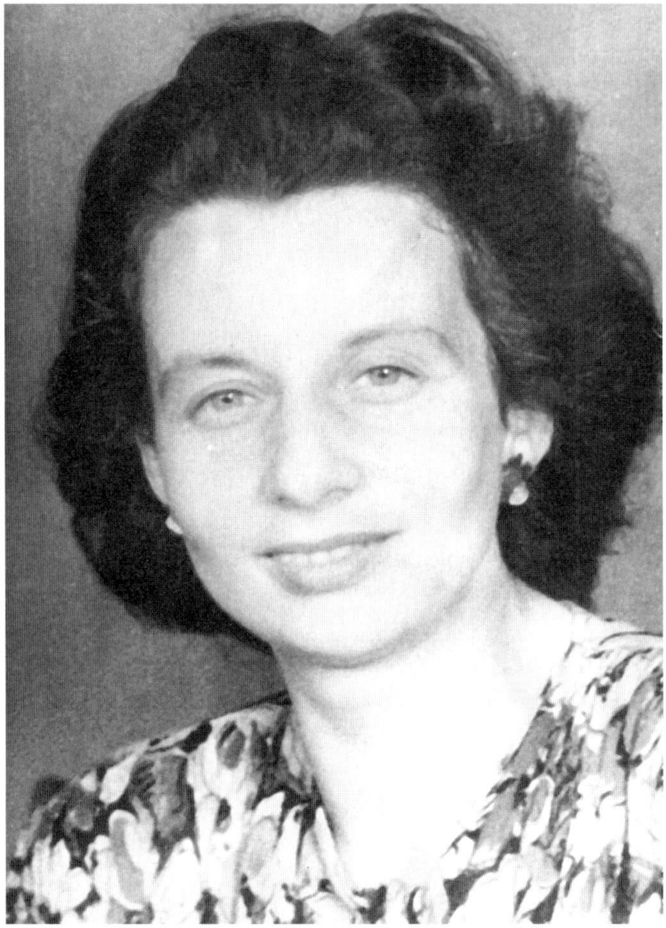

207 Dorothea Zeemann.
Die jüngere Schriftstellerin Dorothea Zeemann wurde zur letzten Liebe Doderers. Die Beziehung begann geradezu explosiv im Sommer 1955, wobei Doderer der Geliebten immer wieder versicherte, daß er Maria nie geheiratet hätte, wenn er seine ‚Heimita' früher kennengelernt hätte. Tatsächlich aber litt Dora häufig unter den Folgen des schlechten Gewissens, das Doderer seiner Ehe wegen hatte. Mit Höhe- und Tiefpunkten dauerte diese intensive Liebe über drei Jahre, dann gestand Doderer Mienzi die Liaison. Dennoch kam es zu keiner völligen Trennung von Dora, die ihm weiterhin auch bei seiner Korrespondenz behilflich war; einmal drohte Maria deswegen sogar mit Selbstmord. Noch an seinem Totenbett und lang über seinen Tod hinaus waren die beiden Frauen aufeinander eifersüchtig.

208 Ecke Währinger Straße – Nußdorfer Straße.

1956, im Jahr des Erscheinens der *Dämonen,* übersiedelte Doderer in seine letzte Wohnung in dem Haus ganz links: zwei bescheidene hofseitige Zimmer mit Küche, worin er eine Sitzbadewanne hatte aufstellen lassen. Während der Übersiedlung allerdings arbeitete er in Landshut noch an den *Dämonen;* bis er zurückkam, hatte seine ehemalige Hausmeisterin Poldi – nun seine Bedienerin, die ihn nur als ‚Herr Rittmeister' titulierte – alles von der alten in die neue Wohnung gebracht und nach seinen Anweisungen so angeordnet, daß er nichts mehr zu tun brauchte. Die Kreuzung, an der er wohnte, bezeichnete er liebevoll als ‚die grüne', wohl wegen des kleinen Parks gegenüber, wo später das Denkmal Elsa Brandströms aufgestellt wurde.

209 Landshut; das Haus im Tal Josaphat.
1956 übersiedelte auch Maria; sie zog aus dem alten Haus in der Stadtmitte von Landshut hinaus ins Grüne. Die Doderers bewohnten das Hochparterre und benützten auch den großen Garten, wo Heimito seiner Frau noch das Bogenschießen beibringen wollte. Auch an dieser Übersiedlung nahm Doderer selbst nicht teil und überließ Maria alle Entscheidungen über die Einrichtung, die glatt und bieder ausfiel. Dort spielte er, zumeist in Pantoffeln, eine gutbürgerliche Rolle, die seine Wiener Bekanntschaft eher befremdet hätte.

210 Doderer am Vortragspult.

Das Erscheinen der *Dämonen* im Herbst 1956 – zugleich mit den großen Feierlichkeiten anläßlich seines 60. Geburtstages – machte Doderer zu einem Autor von internationalem Ansehen (und zu einem Titelgesicht des ‚Spiegel'), der bald auch in den Nobelpreisgerüchten gehandelt wurde. Er hatte die literarische Welt – und seine ‚Feinde' – durch eine enorme Anstrengung und Leistung zu seiner Anerkennung zwingen wollen; jetzt war es ihm endgültig gelungen. Er war stolz auf sich, stellte sich aber auch allen neuen Anforderungen: noch mehr Vorträge, noch mehr Reisen, noch mehr Korrespondenz. Dabei geriet er in eine längere Depression, teils als Folge des vollendeten Werks, hinter dem noch keine neue Zielrichtung aufgetaucht war, teils auch wegen seiner zwiespältigen Gefühle für Dora Zeemann.

211 Doderer im österreichischen Kulturinstitut in London.
Dort hielt er, Ende Januar 1957, einen Vortrag über die Voraussetzungen österreichischer Lyrik und las aus den *Dämonen;* eine weitere Lesung fand im Queen's College in Oxford statt. Andere Reisen führten ihn – ganz abgesehen von Deutschland, wo er häufig auftrat – nach Paris und Rom, aber auch in die skandinavischen Länder. Vor allem hinter der letzterwähnten Reise stand die Hoffnung auf den Nobelpreis; doch war dem schwedischen Komitee seine ehemalige Mitgliedschaft bei der NSDAP bekannt, was man für gewichtiger hielt als das literarische Werk.

212 Lesung bei der Familie Blauensteiner.
Franz Blauensteiner war der Wirt von Doderers Stammbeisel ‚Zur Stadt Paris' in der Josefstädter Straße, nur wenige Schritte von der Buchfeldgasse entfernt. Ein Ereignis, das am dortigen Stammtisch stattfand, führte zu Doderers Erzählung *Ein anderer Kratki-Baschik,* die der Schriftsteller hier der – im selben Haus über dem Wirtshaus wohnenden – Familie vorliest; links neben ihm Franz Blauensteiner, rechts dessen Frau Elly.

213 Doderer zu Hause vortragend.
Auch vor Gästen las Doderer gern aus den eigenen Werken; er genoß es sichtlich, sich beim eigenen Vortrag zuzuhören. Noch wichtiger war ihm, wenn ihm seine Besucher hinreichend qualifiziert erschienen, um ihnen aus unveröffentlichten Manuskripten vorzulesen, sowohl um die Dynamik der Texte zu erproben als auch um die Reaktion der Zuhörer zu testen.

214 Doderer und Dietrich Weber.
In Dietrich Weber, dem späteren deutschen Literaturprofessor, hatte Doderer seinen ersten Dissertanten. Es gefiel ihm, daß seine Arbeit nun wissenschaftlich erforscht wurde, und er gab – sowohl mündlich wie auch in vielen Briefen – sorgfältig jede verlangte Auskunft, allerdings manchmal zu einem Selbstbildnis stilisiert, wo ihm dieses wichtiger als die Wahrheit erschien. Zu Weber entstand ein sehr herzliches Verhältnis; Doderer setzte sich auch erfolgreich dafür ein, daß die Dissertation vom Beck-Verlag als Buch verlegt wurde.

215 Grundlagen und Funktion des Romans.
1958 erschien, außer Doderers letztem Divertimento *Die Posaunen von Jericho,* auch seine Romantheorie, deren zentralen Teil er im März desselben Jahres in der Societé des Études Germaniques in Paris vortrug. Es lag ihm daran, seine Thesen gesammelt vorzulegen: teils um die Literaturkritiker auf die Bedeutung der formalen Arbeit in seinen Romanen aufmerksam zu machen, teils aber auch, um einen allgemeinen Weg – zum ‚totalen Roman' – zu zeigen, auf dem man ihm womöglich folgen sollte (was zumindest teilweise durch Hans Lebert und Peter von Tramin auch geschah).

216 Hans Eggenberger in seinem Wiener Atelier.
Der alte Freund aus Sibirien war, nach rund dreißig Jahren in Argentinien, wieder in Wien. In diesem Falle zeigte Doderer alles, was er an loyaler Kameradschaft aufzubieten hatte: Er blieb unentwegt bemüht, dem unbekannten Maler zu Aufträgen zu verhelfen, alle Freunde und Verbindungen wurden eingespannt. Als er selbst den Großen Österreichischen Staatspreis erhielt und Mitglied des Österreichischen Kunstsenats wurde (1958), überzeugte er das Unterrichtsministerium, sein offizielles Porträt von Eggenberger malen zu lassen – es mißlang ebenso wie später ein Bildnis Marias, das Doderer selbst in Auftrag gegeben hatte.

217 Doderer erfrischend.
Aufgenommen von Dietrich Weber in Landshut.

218 Professor Ivar Ivask.

219 Astrid Ivask in Doderers Wohnung.
Das baltische Lyriker-Ehepaar, das in den USA Literatur unterrichtete, verbrachte einen erheblichen Teil des Jahres 1960 in Wien, wobei eine überaus herzliche Freundschaft mit Doderer entstand. Beide waren von seinem Werk fasziniert, er ebenso von ihren Gedichten und sprühenden Persönlichkeiten. Auf die viele gemeinsam verbrachte Zeit folgte – vor allem mit Ivar Ivask – die intensivste Korrespondenz aus Doderers letzten Jahren; beide bemühten sich, einander über alle sie beschäftigenden Fragen auf dem laufenden zu halten. Jeder weitere Besuch der Ivasks in Wien – 1963 und 1965 – wurde zu einem prolongierten Fest.

220 Doderer im Wienerwald.
Mit Besuchern und Freunden ging Doderer gerne spazieren: im Wienerwald, im Lainzer Tiergarten, im Prater. An sich fühlte er sich in der freien Natur häufig wohler; auf diesem Foto allerdings ist seine zunehmende Schwermut deutlich. Es gab dafür, neben älteren Anlässen und seiner Veranlagung, einen neuen Grund: Bei einer kleinen Operation an den Stimmbändern im Dezember 1960 war erst im nachhinein durch den histologischen Befund festgestellt worden, daß es sich um Krebs gehandelt hatte. Er mußte sich, wenige Wochen später, einer sehr erschöpfenden Bestrahlungstherapie unterziehen. Kontrolluntersuchungen in regelmäßigen Abständen beruhigten zwar durch ihr negatives Ergebnis, hielten aber auch seine Angst wach.

221 Entwurf der Kennmelodie von Hulesch & Quenzel.
Doderer arbeitete damals an zwei Werken: eines davon waren die bereits bei der Wiederaufnahme der *Dämonen* begonnenen *Merowinger.* Im Grunde handelt es sich dabei um eine großangelegte Lausbüberei, in der Doderer – im Gegensatz zu seiner sonst so disziplinierten Arbeit – alles an persönlichen Launen, Grobheiten, Spott, Idiosynkrasien etc. zu tragenden Elementen gestaltete, wodurch das Buch persönlicher wurde, als es die autobiographischen Bezüge in anderen Romanen sind. Der Entwurf der Kennmelodie stammt von dem Komponisten Walter Abendroth, mit dem Doderer eine respektvolle Freundschaft verband.

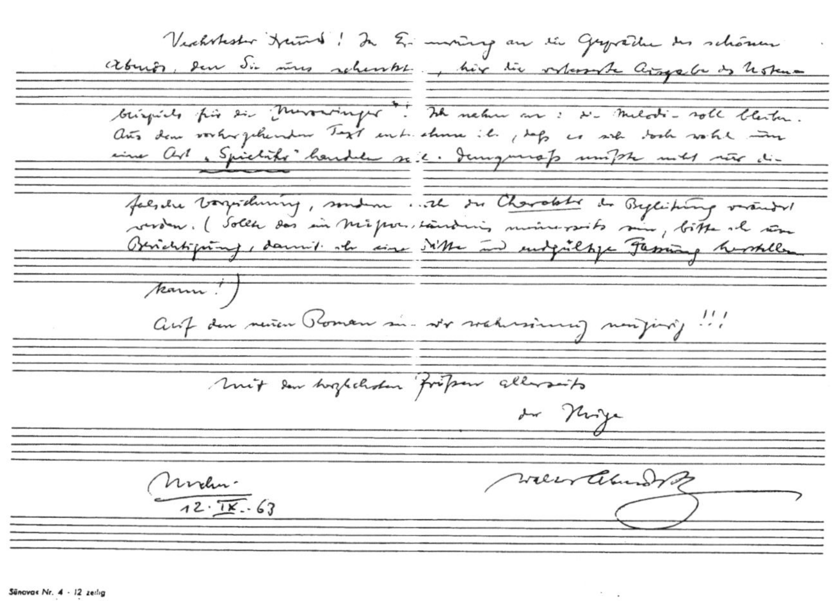
Verehrtester Freund! In Erinnerung an die Gespräche des schönen Abends, den Sie uns schenkten, hier die erbetene Ausgabe des Notenbeispiels für die „Merowinger"! Ich nehme an: die Melodie soll bleiben. Aus dem vorhergehenden Text entnehme ich, daß es sich doch wohl um eine Art „Spieluhr" handeln soll. Demgemäß müßte nicht nur die falsche Vorzeichnung, sondern auch der Charakter der Begleitung verändert werden. (Sollte das ein Mißverständnis meinerseits sein, bitte ich um Berichtigung, damit ich eine dritte und endgültige Fassung herstellen kann!)

Auf den neuen Roman bin ich wahnsinnig neugierig!!!

Mit den herzlichsten Grüßen allerseits
der Ihrige
Walter Abendroth

12. IX. 63

Sünova Nr. 4 · 12 zeilig

222 Die Wasserfälle von Slunj: Graphik.

223 Foto, Anfang der sechziger Jahre.

Das andere Werk sollte eines Tages vier Bände umfassen und die *Dämonen* noch weit übertreffen: nicht nur an Umfang, sondern auch in der Romantechnik. Das entscheidende Motiv des ersten Bandes waren die Wasserfälle von Slunj, die er nach einer Graphik im Besitz von Güterslohs Gefährtin Milena beschrieb. Allerdings hatte er vor, die Gegend selbst zu besuchen: „Ich muß die dreizehn Wasserfälle von Szluin sehen: wegen meines Romans Nummer sieben", schrieb er an Dietrich Weber, der ihm dann aus Jugoslawien Fotos schickte, auf die Doderer entsetzt reagierte: „Die Veränderungen sind desaströs ... Ich bin froh, daß ich nicht – wie es ursprünglich ja meine Absicht gewesen ist – hingefahren bin. Ich hätte meinen Roman möglicherweise gar nicht so beendigen können wie er heute dasteht."

224 Hans Flesch-Brunningen.
Doderer kannte Flesch schon seit den dreißiger Jahren, traf ihn aber erst bei seinen Besuchen in London wieder, wo Flesch – ebenso wie Hilde Spiel, mit der er später zusammenlebte – nach dem Exil geblieben war. Schließlich kehrten beide nach Österreich zurück, der freundschaftliche Umgang mit Doderer wurde häufiger und herzlicher. Doderer hatte gegenüber Flesch – wie bei den meisten relativ erfolglosen Schriftstellern – kaum Vorbehalte und war ihm auch bei der Suche nach einem Verleger behilflich.

225 Hilde Spiel.
Daß sie sich mit ausführlichen Kritiken ganz hinter Doderers Werke stellte, war ihm fast so wichtig wie die Hilfe Hans Weigels; ihr Einfluß war immerhin groß – und auch sie war jüdischer Herkunft. Wenn sie allerdings in ihren Memoiren behauptete, sie und Hans Flesch wären in Doderers letzten Jahren seine allerbesten Freunde geworden, so trifft dies, zumindest von seiner Seite, nicht ganz zu: Doderer bewunderte ihre Intelligenz und Energie, war sich aber immer mit leisem Unbehagen dessen bewußt, wie schlimm es gewesen wäre, sie als Feindin zu haben.

226 Doderer mit Maria und Dorothea Zeemann.
Um sein Gewissen nach allen Richtungen zu beruhigen, zwang Doderer seiner Frau und Dora nicht nur Frieden, sondern auch eine Freundschaft auf, an die er unbedingt glauben wollte. So wurde Dora auch nach Landshut eingeladen, von Maria mit Heimitos Lieblingsspeise – Milzschnittensuppe – bekocht und mußte zur Nachmittagsruhe sogar sein Bett ausprobieren.

227 Graf Xaver Schaffgotsch.
Obwohl sie einander seit Krasnojarsk kannten, wurde Xaver Schaffgotsch erst in Doderers letzten zehn Jahren zu einem der wirklich besten Freunde, den er, neben Hans Weigel, am häufigsten traf. Von Schaffgotsch stammte, wie in einer Fußnote der *Merowinger* angeführt ist, die Bezeichnung ‚poikilographische Schmockogramme' für Doderers winzige, bunte Handschrift. Für Doderers letzten Roman – das Fragment *Grenzwald* – schrieb Schafffgotsch, ein bekannter Übersetzer russischer Literatur, sämtliche russischen Passagen. – Hinter ihm: Peter von Tramin, einer der eifrigsten ‚Heimitisten' Wiens, wie Ivar Ivask das nannte. Rechts Lisl Fuchs, die Frau des Schriftstellers Anton Fuchs; auch bei ihnen war Doderer gelegentlich zu Gast.

228 Rolf Haybach.
Auch Haybach, der sich im Alter ausschließlich der Malerei widmete, war bei allen Lesungen und Auftritten Doderers stets treu zugegen, ebenso beim anschließenden Besuch in irgendwelchen Lokalen. Doch abgesehen von diesen Gelegenheiten gab es kaum noch privaten Umgang zwischen ihm und Doderer.

229 Maria von Doderer, Ernst von Scharmitzer, Jossip Zorn, Hans Eggenberger, Heimito von Doderer

Sowohl Schaffgotsch wie Haybach fehlten beim großen ‚Sibiriaken-Treffen' im Frühjahr 1962 in Landshut. Dem alten Freund Jossip Zorn war die Ausreise von Prag nach Deutschland ermöglicht worden; um ihn zu treffen, kamen die Scharmitzers, Eggenberger und Doderer zu Maria nach Landshut; man feierte zwei Tage lang.

230 Albert Paris Gütersloh (rechts) und Alexander Lernet-Holenia.
Doderer hatte sich sehr bemüht, den großen Roman *Sonne und Mond* seines verehrten Meisters und Lehrers Gütersloh bei Piper unterzubringen, stellte aber erst beim Korrekturlesen der Fahnen fest, daß darin ein satirisch-bösartiges Porträt von ihm selbst – unter dem Namen Ariovist von Wissendrum – enthalten war. Er versuchte, seine Enttäuschung und Bitternis zu verbergen, doch ‚der Fall Gütersloh' war damit abgeschlossen. – Hingegen gab es nie Probleme mit Lernet-Holenia, den Doderer gewissermaßen seit jeher kannte; doch fühlten sich beide zu berühmt, um nebeneinander auf engem Raum allzu lange Platz zu haben.

231 Widmung Elias Canettis an Doderer in „Masse und Macht".
Seit Canetti und Doderer einander Mitte der dreißiger Jahre in der Hartäckerstraße das erstemal begegnet waren, war ihre Beziehung von tiefer gegenseitiger Abneigung geprägt. Dennoch erwiesen sie einander geflissentlich Respektsbezeugungen. Natürlich konnte von einem ‚schönen Gespräch in London' nicht die Rede sein; Canettis Darstellung davon – in seinen Erinnerungen – ist eine böswillige Verzerrung, und Doderer berichtete in Wien, was für ein ekelhafter Kerl dieser Canetti sei.

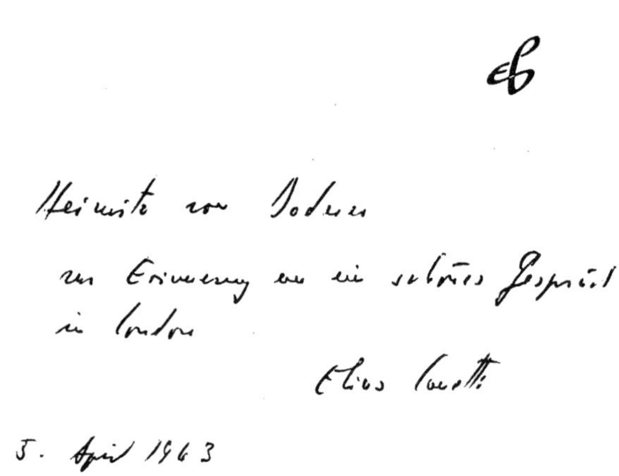
Heimito von Doderer
in Erinnerung an ein schönes Gespräch
in London
Elias Canetti
5. April 1963

232 Doderer in seiner Wohnung.
1962 waren die *Merowinger,* 1963 die *Wasserfälle von Slunj* erschienen, beides mit dem größten Erfolg; dazu kamen die vielen Übersetzungen – auch so großer Werke wie *Dämonen* und *Strudlhofstiege* – in die wichtigsten Sprachen. Doderer stand auf dem Gipfel seines Ruhms und verfügte erstmals auch über mehr Geld, als er brauchte. Doch der zweite Teil des Romans Nr. 7 kam äußerst schleppend voran; er sollte seiner Vorstellung nach der endgültige Durchbruch zum ‚stummen Roman' werden, zur reinen Darstellung und Form.

233 Doderer, Dorothea Zeemann, Wolfgang Fleischer im Café Hawelka.
In Wien war man es gewöhnt, Doderer häufiger mit Dora zu sehen als mit seiner – meist abwesenden – Frau. Immerhin zwang ihn Maria, bei Androhung der Scheidung, sich bei der Korrespondenz nicht mehr von der Zeemann helfen zu lassen. Das erledigte dann der Student zwei- bis dreimal wöchentlich am Spätnachmittag in Doderers Wohnung, wofür er ‚Sekretär' oder auch ‚Halbstarker' genannt wurde.

Heimito Doderer

erlaubt sich freundlich darauf hinzuweisen, daß er Zuschriften nicht beachtet, welche seinen Namen verstümmeln oder willkürlich verändern: weil solches den bescheidensten Forderungen der Höflichkeit widerspricht.

Euer Wohlgeboren danke ich für das freundliche Interesse an meinen Arbeiten und bitte es mir immer zu bewahren, wenn auch ein Schriftwechsel in jedem einzelnen Falle nicht möglich ist, weil dies meine Kräfte übersteigen würde. Nochmals Dank!

Heimito von Doderer

P. T.!

In den vielen Fällen, da Gegenstände verschiedenster Art an mich herangetragen werden, die gänzlich außerhalb meiner Arbeit und meines Interesses liegen, bleibt mir nichts übrig als die Bitte, mich freundlichst entschuldigen zu wollen!

Heimito von Doderer

234 Heimito von Doderer erlaubt sich . . .
Es war Doderer ein dringendes Bedürfnis, sich diese Korrespondenzkarte drucken zu lassen, eine Abreaktion echter Wut, die vielleicht bis auf die Gymnasialzeit zurückging, als er in den Schulnachrichten als ‚Heimilo' tituliert worden war.

235 Euer Wohlgeboren . . .

236 P. T.!
Die Leserbriefe und Zuschriften aller Art häuften sich so sehr, daß sie auch mit Sekretärshilfe nicht mehr zu bewältigen waren. Doderer ließ sich zwei Korrespondenzkarten drucken, die als Rangstufen der Abwimmelung nach einer besonders fleißigen Briefschreiberin ‚Jugl I' und ‚Jugl II' hießen. Damen, die ihm ihre eigene Vergangenheit im Umfeld der *Strudlhofstiege* ausführlich beschrieben und das Café anführten, in dem sie noch immer zu treffen seien, bezeichnete er als ‚Strudlhofziegen'.

237 Helmut Qualtinger und Franz Theodor Csokor.
Doderer hatte den Vater des Schauspielers, Professor Friedrich Qualtinger, während seiner Prüfungstätigkeit für Offiziersanwärter der Luftwaffe kennengelernt; später, als häufiger Gast im Hause Qualtinger, auch den Sohn. Während der Vater mit dessen Entwicklung gar nicht einverstanden war, erkannte Doderer früh die außergewöhnlichen Begabungen Helmuts als Schauspieler, Satiriker und Schriftsteller; er verteidigte ihn gegen den Vater und nahm an Qualtingers Werdegang von Anfang an helfend Anteil. Daraus entstand eine innige Freundschaft, Doderer wurde auch Taufpate von Helmuts Sohn Christian Heimito. Besonderes Vergnügen fand Doderer an Qualtingers unzähligen ‚practical jokes'; so verständigte Helmut die Wiener Presse mit der Stimme des PEN-Club-Präsidenten Csokor – einer der ‚Feinde' Doderers – vom angeblich bevorstehenden Eintreffen des Eskimo-Nobelpreisträgers und Dichters des berühmten Romans ‚Brennende Arktis', Kobuk aus Iviktut. Csokors Nachricht wurde überall getreulich abgedruckt.

~~HEIMITO DODERER~~ Pelimbert d. I.

Wien, IX., Währingerstraße 50/14

Telephon 34 77 475

238 Briefkopf: Pelimbert d. I.

1964 gab Doderer unter dem Titel *Tangenten* seine Tagebücher von 1940 bis 1950 heraus. Sie enthalten vor allem seine theoretischen Überlegungen zum ‚Totalen Staat' und zur Sprache, als geistige Folge seiner Abkehr vom Nationalsozialismus, die er damit endgültig glaubwürdig machen wollte, um dieses lästige Thema ein für allemal zu erledigen. – Doch fiel ihm manchmal die Arbeit schon schwer. Er korrigierte den Umbruch dieses ihm so wichtigen Buches gar nicht mehr selber, und die einzige Antwort auf alle schriftlichen Anfragen des ‚Sekretärs' war die Ersetzung seines Namens durch ‚Pelimbert der Indiskutable', der in den *Merowingern* die ‚Mission Null' verkörpert.

239 Doderer in seiner Wohnung.

Nach wie vor unterließ er nichts Wichtiges, das die Verbreitung seines Werkes fördern konnte. Doch körperliche Abgespanntheit war ihm nun oft gegenwärtiger als der Ehrgeiz, und auch das sexuelle Interesse – ein oft entscheidender Motor dieses Lebens – erlosch fast gänzlich. So näherte er sich einer kontemplativen und manchmal fast schon gütigen Lebenshaltung, die – im nichtoffiziellen Teil seines Daseins – vorwiegend von Sachtheit und Schwermut geprägt war.

240 Weihnachten in Landshut.

241 Die erste Villa Otto Wagner (später: Ben Tiber).
Was Doderer in seinen letzten beiden Jahren am meisten bewegte, waren nicht die – keineswegs spärlichen – Ehrungen und Erfolge, sondern die endlich gelingende Arbeit am *Grenzwald,* der tatsächlich zu seinem Meisterwerk hätte werden können. Eine besondere Rolle darin sollte die erste Villa Wagners am Rande Wiens spielen, die er mit dem Fotografen Franz Hubmann auch mehrfach besuchte. Der Grenzwald dahinter ist licht – im Roman wie im Leben Doderers ein Symbol des Todes.

242, 243 Doderer bei der Arbeit.
Doderer schrieb an einem eher winzigen Schreibtisch im hinteren seiner beiden Zimmer, wo er auch schlief; neben dem Arbeitsplatz standen die Reißbretter mit den Kompositionsentwürfen für den *Grenzwald.* Er wünschte sich – jetzt immer mehr – ein einfaches Leben in Ruhe, das er selber oft als ‚mönchisch' bezeichnete; tatsächlich waren seine Bedürfnisse nun, da er sich viel mehr hätte leisten können, äußerst gering und bescheiden.

244 Maria und Heimito von Doderer in der Wiener Wohnung.

Was Doderer immer mehr bei seiner Arbeit behinderte – gerade als sie gut voranging –, war häufiges körperliches Unwohlsein. Sein Hausarzt (er hieß Dr. von Haus) schrieb ihm statt des Rauchens ‚minus sieben Zigaretten' vor. Er litt unter einem Lungenemphysem in fortgeschrittenem Zustand; dazu kamen häufige Bauchschmerzen und allgemeine Zerschlagenheit. Auch Alkohol vertrug er immer weniger. Maria verbrachte nun mehr und mehr Zeit in Wien und kochte auch, damit er abends nicht ausgehen müsse, doch war ihre ständige Anwesenheit in der dafür zu kleinen Wohnung ebenfalls eine Belastung. Sie faßten eine Übersiedlung in eine größere Wohnung, endlich wieder in Döbling, ins Auge. Die Genehmigung für eine Gemeindewohnung mußte schließlich bereits in eine für ein Ehrengrab der Stadt Wien umgewandelt werden.

245 Doderers 70. Geburtstag: mit Maria.

246 Mit Bundeskanzler Dr. Josef Klaus.

247 Mit der Schwester Astri von Stummer.
Die Feierlichkeiten zu Doderers 70. Geburtstag am 5. September 1966, geradezu ein Staatsfest im Palais Schwarzenberg, nahm er diszipliniert auf sich; das Bankett selbst und alles – Vorbereitungen, Dankschreiben etc. –, was damit zusammenhing, strengte ihn überaus an. Daß er bereits schwer krank war – Darmkrebs –, wußte er nicht, und es wurde auch von den Ärzten zu spät erkannt. Mehr denn je und endgültig vergeblich träumte er nur noch von ruhiger Zurückgezogenheit.

248 Doderer mit Hartmann Goertz in einem Gasthaus bei der Ruine Aggstein.

249 Doderer im September 1966.
Hartmann Goertz hatte Doderer auf seiner ersten großen Deutschland-Tournee nach dem Erscheinen der *Strudlhofstiege* begleitet und überall seine Lesungen eingeleitet; die davon stammende Freundschaft blieb erhalten. Nur zwei Wochen nach dem anstrengenden Fest fuhren sie gemeinsam nach Linz, wo sich Doderer – widerwillig – zu einem Vortrag verpflichtet hatte. Auf der Rückfahrt am nächsten Tag entstanden diese Aufnahmen, die zu den letzten gehören. Sechs Wochen später ging Doderer ins Rudolfinerhaus – ein Spital in Döbling –, wo er nach der zweiten erfolglosen Operation am 23. Dezember abends starb.

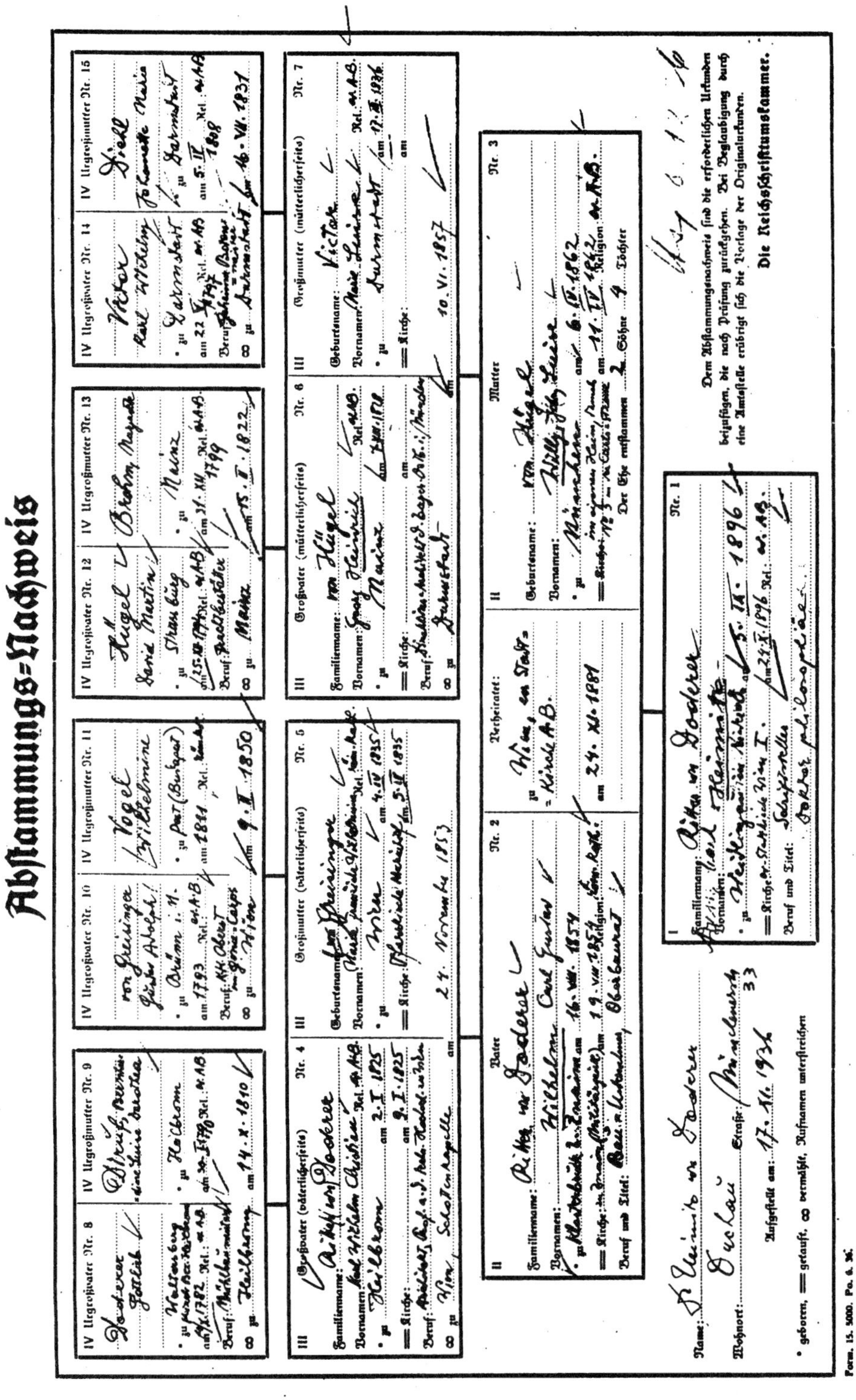

Abstammungs-Nachweis

IV Urgroßvater Nr. 8: Doderer Gottlieb; * zu Waltenberg ..., am ...1782, Rel.: ev. A.B.; Beruf: Mühlbaumeister; ∞ zu Heilbronn

IV Urgroßmutter Nr. 9: Dirr, Beerlein, ...ine Luise Dorothea; * zu Heilbronn, am ...1790, Rel.: ev. A.B.; am 14. X. 1810

IV Urgroßvater Nr. 10: von Greisinger Gustav Adolph; * zu Brünn i. M., am 1793, Rel.: ev. A.B.; Beruf: KK. Oberst im Genie-Corps; ∞ zu Wien

IV Urgroßmutter Nr. 11: Vogel Wilhelmine; * zu Pest (Budapest), am 1811, Rel.: röm. kath.; am 9. II. 1850

IV Urgroßvater Nr. 12: Hügel David Martin; * zu Strassburg, am 25. XII. 1794, Rel.: ev. A.B.; Beruf: Frachtbestätter; ∞ zu Mainz

IV Urgroßmutter Nr. 13: Brohm Magdalena; * zu Mainz, am 31. XII. 1799, Rel.: ev. A.B.; am 15. II. 1822

IV Urgroßvater Nr. 14: Victor Karl Wilhelm; * zu Darmstadt, am 22. V. 1797, Rel.: ev. A.B.; Beruf: Geheimer Baurat; ∞ zu Darmstadt

IV Urgroßmutter Nr. 15: Diehl Johannette Marie; * zu Darmstadt, am 5. II. 1808, Rel.: ev. A.B.; am 16. VII. 1831

III Großvater (väterlicherseits) Nr. 4: Familienname: Ritter von Doderer; Vornamen: Carl Wilhelm Christian, Rel.: ev. A.B.; * zu Heilbronn am 2. I. 1825; = Kirche: am 9. I. 1825; Beruf: Architekt, Prof. a. d. Techn. Hochschule in Wien; ∞ zu Wien, Schottenkapelle, am

III Großmutter (väterlicherseits) Nr. 5: Geburtsname: von Greisinger; Vornamen: Maria Franziska Wilhelmine, Rel.: röm. kath.; * zu Wien am 4. IV. 1835; = Kirche: Pfarrkirche Mariahilf am 5. IV. 1835; 24. November 1853

III Großvater (mütterlicherseits) Nr. 6: Familienname: von Hügel; Vornamen: Georg Heinrich, Rel.: ev. A.B.; * zu Mainz am ... 1828; = Kirche: am; Beruf: Direktions-Architekt d. Bayer. Ostb. i. München; ∞ zu Darmstadt, am

III Großmutter (mütterlicherseits) Nr. 7: Geburtsname: Victor; Vornamen: Marie Luise, Rel.: ev. A.B.; * zu Darmstadt am 17. II. 1836; = Kirche: am; 10. VI. 1857

II Vater Nr. 2: Familienname: Ritter von Doderer; Vornamen: Wilhelm Carl Gustav; * zu Klosterbruck b. Znaim am 16. VIII. 1854; = Kirche: in Znaim (Militärpfarr) am 19. VIII. 1854, Religion: röm. kath.; Beruf und Titel: Bau-Unternehmer, Oberbaurat

Verheiratet: zu Wien, ev. Stadtkirche A.B.; am 24. XI. 1881

II Mutter Nr. 3: Geburtsname: von Hügel; Vornamen: Willy, Jdy, Luise; * zu München am 6. IV. 1862; = Kirche: im eigenen Heim, Bruch... am 11. IV. 1862, Religion: ev. A.B.; Der Ehe entstammen 2 Söhne 4 Töchter

Name: Dr. Heimito von Doderer

Wohnort: Dachau, Straße: Münchenerstr. 33

Aufgestellt am: 17. XI. 1936

* geboren, = getauft, ∞ vermählt, Rufnamen unterstreichen

I Nr. 1: Familienname: Ritter von Doderer; Vornamen: Franz Carl Heimito; * zu Weidlingau bei Wien am 5. IX. 1896; = Kirche: ev. Stadtkirche Wien I. am 24. X. 1896, Rel.: ev. A.B.; Beruf und Titel: Schriftsteller, Doktor philosophiae

Dem Abstammungsnachweis sind die erforderlichen Urkunden beizufügen, die nach Prüfung zurückgehen. Bei Beglaubigung durch eine Amtsstelle erübrigt sich die Vorlage der Originalurkunden.

Die Reichsschrifttumskammer.

Form. 15. 5000. Po. 6. 36.

250 Statt einer Ahnentafel: Heimito von Doderers Abstammungsnachweis.

NACHWORT

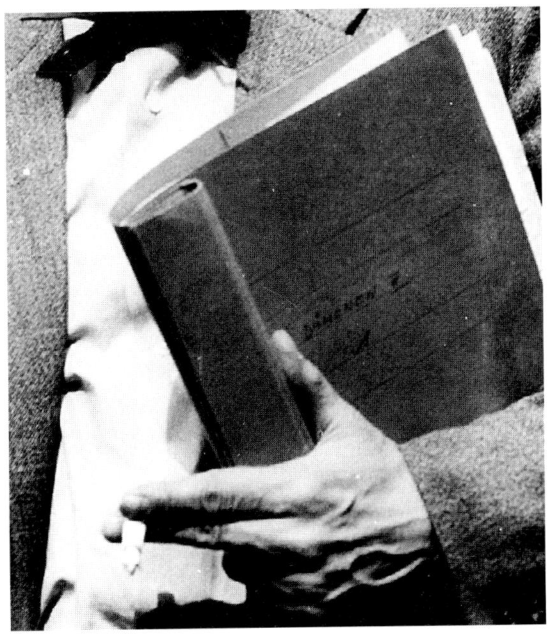

Dieses Buch ist in mehrfacher Hinsicht ein Seitentrieb der Biographie Heimito von Doderers, die für Herbst 1996 vorgesehen ist. Es ist jedoch weder ein Ersatz für sie noch – auch wenn es so scheinen mag – eine illustrierte Kurzfassung.

Das liegt an den Dokumenten und Fotografien. Erstens bleibt, trotz aller Bemühungen, immer ein Spielraum des Zufalls erhalten, der darüber entscheidet, welches Bildmaterial man findet. Das kann ebenso zum Fehlen wie zur Überbetonung einzelner Aspekte führen – selbst wenn Fotos und Dokumente eine Objektivität vortäuschen, die erst bei genauerer Information als unvollständig oder verzerrend erkannt werden kann. Zum anderen liegt es am Wesen von Bildquellen, daß sie entscheidende Elemente der Entwicklung einer Persönlichkeit im allgemeinen – wenn nicht ein Künstler des Bildhaften dafür den Ausdruck sucht – nicht wiedergeben: etwa Überlegungen und Theorien, Ängste oder Fixierungen, Enttäuschungen und Vorlieben und dazu noch alle jene privathistorischen Verknüpfungen, die ein Ereignis oder eine Stimmung mit vielen anderen desselben Lebens verbinden oder kontrastieren. Dies bleibt der sprachlichen Darstellung vorbehalten.

Dennoch erscheint mir das hier vorliegende Buch gerechtfertigt. Zuviel Bild- und Dokumentenmaterial zu Doderers Leben ist während der umfänglichen Recherchen zur Biographie aufgetaucht, um bloß irgendwann im Keller eines Archivs wieder zu versinken. Zudem ist dieses Leben, mit seiner Umwelt, mit den Geliebten und Freunden, vorwiegend in seiner ersten Hälfte zum Ausgangspunkt für einen erheblichen Teil der Werke Doderers geworden. Somit ergibt sich für viele der Fotos ein doppeltes Interesse: Es handelt sich nicht nur um wichtige Orte und Menschen aus dem Leben des Schriftstellers, sondern zugleich um Schauplätze und Figuren seiner Werke.

Allerdings ist Doderers Darstellung in den Romanen weder direkt autobiographisch gemeint noch unbedingt zuverlässig. Auch außerhalb des Werks ist die von ihm ausgehende Überlieferung nicht selten absichtsvoll gebeugt. So sind etwa zu seiner politischen Vergangenheit von ihm und sogenannten wohlmeinenden Freunden ebenso viele Lügen aufgetischt worden wie von seinen Gegnern, die gar nicht zimperlich waren, ihn mit wohlbedachten Erfindungen anzubräunen. Hier schaffen Dokumente wohltuende Klarheit, besser als ein bemühter Kommentar.

Kommentieren mußte jedoch auch ich, nicht nur, um Bildinhalte zu benennen. Das aufgefundene Bildmaterial war so weit zu ergänzen, daß sich die Umrisse eines Lebens ergaben. Dazu ist selbstverständlich die parallele Arbeit an der Biographie die

Voraussetzung, womit zum Bild, soweit es objektiv ist, mein persönlicher Eindruck des entsprechenden Lebensabschnittes tritt. Dieser mag da und dort willkürlich erscheinen, weil ich mich im vorhandenen Rahmen zumeist auf Andeutungen beschränken muß; doch manches wird auch in der Ausführlichkeit der Biographie subjektiv und bestreitbar bleiben. Dazu kommt, daß in jedem Leben – und das nicht nur aus Mangel an Unterlagen – Rätselhaftes zu wirken scheint.

Von Herzen danken möchte ich allen, die mir geholfen haben: Wendelin Schmidt-Dengler und sämtlichen im Bildquellenverzeichnis Genannten, besonders aber jenen, die dabei geahnt oder befürchtet haben, daß ihr Bild Heimito von Doderers von mir vielleicht verstört werden würde.

Lebensdaten

5. 9. 1896	Geburt Heimito von Doderers in Hadersdorf-Weidlingau.
1914	Abschluß des Gymnasiums in Wien III; ein Semester Jusstudium.
1915	Militärausbildung als Einjährig-Freiwilliger bei der Dreier-Dragonern.
1916	Kriegsdienst in Galizien. Am 12. Juli Gefangennahme durch die Russen; ab September im Lager Krasnaja Rjetschka, Russisch-Mandschurien.
1918	Mißlungene Heimkehr; ab Sommer im Lager Nowo-Nikolajewsk.
1919	Ab Jahresbeginn im Lager von Krasnojarsk.
1920	Rückkehr aus Rußland, Beginn des Studiums der Geschichtswissenschaften.
1921	Beginn der Bekanntschaft mit Gusti Hasterlik.
1923	Erscheinen des ersten Gedichtbandes *Gassen und Landschaft.*
1924	*Die Bresche,* Roman.
1925	Promotion zum Dr. der Philosophie.
1930	Heirat mit Gusti Hasterlik. Erscheinen von *Das Geheimnis des Reichs,* Roman, und *Der Fall Gütersloh.*
1931–1936	Arbeit am ersten Teil von *Die Dämonen.*
1936	Übersiedlung nach Dachau, Bayern.
1937	Vertrag mit C. H. Beck, Beginn der Arbeit an *Ein Mord, den jeder begeht;* Bekanntschaft mit Emma Maria Thoma.
1938	Rückkehr nach Wien. Scheidung von Gusti Hasterlik, Erscheinen von *Ein Mord, den jeder begeht.*
1940	Einberufung als Leutnant der Luftwaffe; zuerst Deutschland, dann Frankreich. *Ein Umweg,* Roman.
1942	Versetzung von Frankreich nach Kursk in Rußland.
1943	Frontuntauglich; in Deutschland und Österreich auf Flughäfen, dann in Wien als Prüfer für Offiziersanwärter der Luftwaffe.
1945	Kriegsgefangenschaft in Norwegen.
1946	Rückkehr nach Österreich, zuerst Weißenbach am Attersee, dann Wien.
1946–1948	Arbeit an *Die Strudlhofstiege.*

1949/1950	Kurs und positiver Abschluß des Instituts für österreichische Geschichtsforschung.
1951	*Die erleuchteten Fenster* und *Die Strudlhofstiege,* Beginn der internationalen Anerkennung.
1952	Heirat mit Emma Maria Thoma. Wiederaufnahme der Arbeit an *Die Dämonen.*
1955	Beginn der mehrjährigen Beziehung zu Dorothea Zeemann.
1956	*Die Dämonen.*
1958	Verleihung des Großen Österreichischen Staatspreises für Literatur.
1960	Erste Krebsoperation an den Stimmbändern.
1962	*Die Merowinger.*
1963	*Die Wasserfälle von Slunj,* Roman Nr. 7/1.
1964	*Tangenten,* Tagebücher von 1940–1950.
1966	Große Feierlichkeiten zum 70. Geburtstag.
23. 12. 1966	Doderer stirbt nach einer zweiten, erfolglosen Krebsoperation

Bildquellennachweis (nach Bildnummern geordnet):

C. H. Beck Verlag, München: 153, 154, 174, 202, 203
Bildarchiv der Österreichischen Nationalbibliothek, Wien: 3, 9, 23, 75, 82, 83, 116, 132, 139, 193, 195, 199, 200, 205, 208, 224, 225, 230, 237, 241
Dr. Peter von Doderer, Salzburg: 4, 100, 179, 180
Wolfgang Fleischer, Wien: 14, 25, 41, 46, 49, 51, 65, 85, 111-114, 140, 173, 177, 198, 206, 207, 211, 213, 226, 227, 228, 232, 239, 240, 242, 243, 244, 248, 249
Greta Freist, Paris: 148
Giulia M. Hine, Colorado, USA: 73, 80, 89, 90, 94, 109
Franz Hubmann, Wien: 233, 245, 246, 247
Prof. Wolfgang Hutter, Wien (vertreten durch VBK, Wien): 167
Astrid Ivask, Irland: 201, 218, 219
Hannelore und Gustav König, Moosburg: 35, 36, 38, 40, 61, 103, 118, 127, 130, 134, 144, 145, 147, 152, 165, 166, 168, 169, 170, 171, 172, 175, 186, 187, 188, 189, 209, 212, 216
Christiane Landgrebe, Wien: 146, 159, 160, 161,
Konrad Lang, Altmünster: 42, 44, 45, 50, 53-60, 64, 66
Dr. Inge Martinek, Baden: 2, 7, 8, 16, 21, 26, 27, 29, 77, 79, 108, 126
Dr. Gerlinde Michels, Wien: 52, 101, 119, 194
Österreichische Gesellschaft für Literatur: 222
Dr. Kurt Paumgarten: 133
Dr. Engelbert Pfeiffer, Wien: 10, 11, 12, 13, 24, 30, 102, 106, 107, 129, 131, 157, 190
Lisl von Scharmitzer, Wien: 37, 78, 79, 229
Wolfgang Stummer, Prein: 19, 20, 31, 32, 39, 72, 96, 97, 110, 121, 122, 123, 124, 125, 135, 136, 137, 149, 156
Dr. Dietrich Weber, Köln: 214, 217, 220, 223
Mae Wolf-Doderer, Kitzbühel: 1, 5, 17, 18, 22, 28, 48, 141, 143, 151, 184
Susi Wolff, Kitzbühel: 92, 93, 95, 128
Dokumente und Faksimile stammen aus dem Nachlaß.
Bei einigen Photos ist es leider nicht gelungen, die heutigen Rechteinhaber zu ermitteln. Diese werden gebeten, sich mit dem Verlag Kremayr & Scheriau, Wien, in Verbindung zu setzen.

den allerersten Augenblicken, als die Schw
mit, wenn auch nur als eine Angehöri
chet zwei verschiedene, ja sehr entgegen
e in Kajetan schwebten, und erst allm
ner langsam sich schließenden Tür; e
mmer mehr vor das andere, das aber n
pierten Photographien.

Und dann war es eigentlich erst

~~Der~~ Vorgang war Kajetan seit jeh
desmal, ~~Er sowie~~ ~~wenn~~ er nach längerer Tren
einer Nachricht von ihr empfing.

Sie war um vieles jünger als er

Die Beiden hatten einander vor f
wohl so ausdrücken, denn Schlaggenber
Kind war und kümmerte sich nicht viel
garnicht langen Zeit, die Kajetan ~~...~~
Steiermark verbracht hatte, irgendwo
Knapp ~~...~~ immer ~~...~~ fü
~~...~~ oft auch beim Üben Wieder=
ganz zu ergraben vermochte: so wie

Ein Zusammenhang bestand zw
Antlitz und einer alten englische
Kinder herangewachsen waren, i
1927, als Gesellschafterin und W
Schlaggenberg auf dem Gute lebte